Interpretationen motivgleicher Gedichte in Themengruppen

BAND 6

Dr. Robert Hippe

Die Jahreszeiten im deutschen Gedicht

C. Bange Verlag · Hollfeld/Obfr.

INHALT

III. Herbst

IV. Winter

VORWORT

Der vorliegende Band — aufgenommen in die neue Reihe des Verlages: „Interpretationen motivgleicher Gedichte" — hat das Thema „Jahreszeiten im deutschen Gedicht" zum Gegenstand. Es werden Interpretationshilfen, Interpretationen und Hinweise zu insgesamt 39 deutschen Gedichten geboten — in unterschiedlicher Dichte und Ausführlichkeit —, die die Jahreszeiten zum Motiv haben und von der mittelhochdeutschen Blütezeit bis zur Gegenwart reichen. Dem Problem „Die Jahreszeiten als Motiv" ist ein eigenes Kapitel gewidmet, und zwei Register sollen die Benutzung des Büchleins erleichtern.

Den vier Jahreszeiten entsprechend sind die Interpretationen in vier Motivkreise gegliedert. Damit bietet sich das Vergleichen von motivgleichen, gelegentlich sogar überschriftsgleichen Gedichten geradezu an (etwa Nr. 11 mit Nr. 12 und 13). Daneben ist ein historischer Durchgang möglich, und schließlich ergibt sich durch Aufsuchen von Stileigentümlichkeiten die Möglichkeit, literarische Epochenbegriffe zu erarbeiten.

Manche der vorliegenden Interpretationen sind mit Schülern oder mit „Ehemaligen" erstellt worden, einige wurden im Freundes- oder Bekanntenkreis diskutiert, andere sollen zum Widerspruch reizen und dadurch zum weiteren Durchdenken zwingen. Nirgendwo ist Fertiges geboten, überall bleibt dem Leser die Möglichkeit, Eigenes zu entdecken und hinzuzufügen.

Bremen, im Sommer 1973
R. H.

DIE JAHRESZEITEN ALS MOTIV

Am 18. Januar 1825 sprach Goethe mit Eckermann über die „große Wichtigkeit der Motive, die niemand begreifen will", und er fuhr fort: „Daß ... die wahre Kraft und Wirkung eines Gedichts in der Situation, in den Motiven besteht, daran denkt niemand. Und aus diesem Grunde werden denn auch Tausende von Gedichten gemacht, wo das Motiv durchaus null ist, und die bloß durch Empfindungen und klingende Verse eine Art von Existenz vorspiegeln." Wenn es dann in den „Maximen und Reflexionen" Goethes heißt: „Was man Motive nennt, sind also eigentlich Phänomene des Menschengeistes, die sich wiederholt haben und wiederholen werden, und die der Dichter nur als historische nachweist" (1051), so liegt in diesen Sätzen bereits jene Definition, die auch noch heute Gültigkeit besitzt: (Lyrische) Motive (von lat. movere = bewegen; mittellat. motivus = antreibend) sind bedeutsame Situationen, Phänomene und Beweggründe für das Aufgreifen eines bestimmten Stoffes durch den Dichter, die zum bestimmenden Erlebnis werden und deren Art und Weise des Aufgreifens historisch bedingt sind.

Daß die Jahreszeiten gleichsam Urmotiv sind, liegt auf der Hand. Seit altersher sieht sich der Mensch konfrontiert mit den Phänomenen Frühling, Sommer, Herbst und Winter, mit dem Kreislauf von Aufbrechen, Erblühen, Absterben und Tod, der eine ewige Wiederkehr des Gleichen ist und daher eine „Dauer im Wechsel". Das mag der Grund dafür sein, daß Dichter aller Zeiten mit den ihnen zur Verfügung stehenden Mitteln versucht haben, die Jahreszeiten in Bildern, Gleichnissen oder Symbolen zu fassen, auf das menschliche Leben zu übertragen oder mit Empfindungen zu identifizieren (etwa Frühling mit neu erwachter Lebenslust und Liebe, Sommer mit Genießen des Erreichten, sich auf der Höhe des Lebens fühlen, Herbst mit Todesahnung oder trotzigem Dennoch, Winter mit Trauer, Resignation oder aber auch mit Hoffnung auf einen neuen Anfang).

In Goethes Gedicht „Immer und überall" heißt es:

„Sobald ein frisches Kelchlein blüht,
Es fordert neue Lieder;
Und wenn die Zeit verrauschend flieht,
Jahreszeiten kommen wieder."

I. Frühling

1. Walther von der Vogelweide:

„Muget ir schouwen"

Muget ir schouwen was dem meien
Wunders ist beschert?
Seht an pfaffen, seht an leien,
Wie daz allez vert.
Grôz ist sîn gewalt:
Ine weiz obe er zouber künne:
Swar er vert in sîner wünne,
Dân ist niemen alt.

Uns wil schiere wol gelingen.
Wir suln sîn gemeit,
Tanzen lachen unde singen,
Âne dörperheit.
Wê wer waere unfrô?
Sît di vogele also schône
Singent in ir besten dône,
Tuon wir ouch alsô!
Wol dir, meie, wie dû scheidest
Allez âne haz!
Wie dû walt und ouwe kleidest,
Und die heide baz!
Diu hât varwe mê.
„dû bist kurzer, ich bin langer",
Alsô strîtents ûf dem anger,
Bluomen unde klê.

Rôter munt, wie dû dich swachest!
Lâ dîn lachen sîn.
Scham dich daz dû mich an lachest
Nach dem schaden mîn.
Ist daz wol getân?

Owê sô verlorner stunde,
Sol von minneclîchem munde
Solch unminne ergân!

Daz mich, frowe, an fröiden irret,
Daz ist iuwer lîp.
An iu einer ez mir wirret,
Ungenaedic wip.
Wâ nemt ir den muot?
Ir sît doch genâden rîche:
Tuot ir mir ungnaedecliche,
Sô sît ir niht guot.

Scheidet, frowe, mich von sorgen,
Liebet mir die zît:
Oder ich muoz an fröiden borgen.
Daz ir saelic sît!
Muget ir umbe sehen?
Sich fröit al diu welt gemeine;
Möhte mir von iu ein kleine
Fröidelîn geschehen!

Wir beginnen mit einer Prosa-Übertragung, die jedoch bereits interpretierend ist und anschließend eine kurze Zusammenfassung zuläßt:

„Könnt Ihr erkennen, wieviel Wunderwirkung dem Mai beschert worden ist? Seht die Geistlichen an, seht die Laien an, wie sie alle munter sind. Groß ist seine Gewalt: Ich weiß nicht, ob er nicht vielleicht doch zaubern kann: Wenn er uns in seiner Wonne anstrahlt, dann ist niemand alt. Auch mit uns wird alles gut werden, und wir werden fröhlich sein, wir werden tanzen, lachen und singen ohne bäuerische Grobheit.

Wer könnte jetzt nicht fröhlich sein? Da doch alle Vögel so schön ihre lieblichste Melodie singen, tun wir es ihnen gleich!

Wohl dir, Mai, wie du alles ohne Haß schlichtest!

Wie du Wald und Aue kleidest und noch schöner die Heide!
Sie hat die meisten Farben!

'Du bist kleiner, ich bin größer', so streiten sich auf der Wiese die Blumen und der Klee.
Roter Mund, wie kannst du dich so ins Unrecht setzen! Laß doch lieber dein Lachen sein.
Schäme dich, daß du mich wegen meines Kummers auslachst.
Gehört sich das? Ach, vertan ist die Zeit, wenn ein lieblicher Mund Lieblosigkeit ausdrückt!
Daß ich, Dame, freudlos bin, das liegt allein an Euch.
Ihr allein macht mich unglücklich, weil Ihr grausam seid.
Warum nehmt Ihr mir den Mut? Ihr seid doch sonst so großmütig; wenn Ihr mir jetzt Gewährung versagt, handelt Ihr nicht gut.
Befreit mich, Dame, jetzt von meinen Sorgen und macht mir diese Jahreszeit lieb: oder ich muß mir woanders Freuden borgen. Möchtet Ihr mir doch die Seligkeit erfüllen!
Könnt Ihr nicht auch Euch umschauen (wie alle anderen Menschen)? Alle Welt ist voll Glück. Laßt Ihr doch auch mir ein winziges Stückchen Freude zukommen!"
Das vorliegende Gedicht[1]), das das Motiv des Frühlings (des Mais) mit dem der Minne verbindet, strahlt so viel Natürlichkeit und Ursprünglichkeit des Empfindens aus, daß man kaum zu glauben vermag, daß es sich hier um eine Nachahmung und Umwandlung eines mittellateinischen Liedes handelt (Carmina Burana). „Walthers eigenschöpferische Leistung in diesem Liede ... ist die Verpflanzung der Minnesang-Situation aus ihrer Retortensphäre in die der farbigen, lebenden, atmenden und 'gleichmachenden' Natur"[2]).

2. *Friedrich von Logau*

„DER MAI"

Dieser Monat ist ein Kuß, den der Himmel gibt der Erde,
Daß sie jetzund seine Braut, künftig seine Mutter werde.

---

1) Vgl. die ausführliche Interpretation dieses Gedichtes von Hugo Kuhn in: Wege zum Gedicht I, hrsg. von Rupert Hirschenauer und Albrecht Weber, S. 54–63. Neuauflage. München und Zürich 1962.

2) Walther von der Vogelweide: Gedichte. Ausgewählt und übersetzt von Peter Wapnewski, S. 232. Frankfurt a. M. 1962 (Fischer-Bücherei EC 48).

Neben Angelus Silesius ist Friedrich von Logau *der* große Epigrammatiker der Barockzeit. Wenn man unter einem Epigramm die pointierteste und konzentrierteste Form der Gedankenlyrik versteht, dann wird klar, daß Logau einer der schärfsten Geister des 17. Jahrhunderts gewesen ist. Er verzichtete auf alles „barocke Pathos", auf jede „Pose"; bei ihm gibt es nur satirische Schärfe, geschliffene Sprache, das Wortspiel, gelegentlich auch — wie hier — das liebenswürdig-optimistische Gleichnis.
Will man einteilen, so kann man wohl am treffendsten zwei Gruppen von Epigrammen bei Logau unterscheiden: Diejenigen, die von einer rein rationalen, gedanklichen Pointe leben, und die, welche ein dichterisches Bild gestalten, das in seiner Intensität oft nur halb ausgedeutet wird, also gleichsam auch ein rationales Anliegen zeigt, nämlich den Leser zum völligen Durchdenken anregen soll.
Das hier abgedruckte Epigramm gehört zur zweiten Gruppe: Im ersten Vers wird der „Wonnemonat" Mai mit einem Kuß verglichen, den der Himmel der Erde gibt: man denkt unwillkürlich an die altgriechische Mythologie, in der Uranos (Himmel) und Gaia (Erde) das älteste Götterpaar waren. Dann folgt ein finaler Anschluß (daß — damit), der in seinem ersten Teil ohne weiteres verständlich ist, weil er im Sinne des Werbens (Kuß — Braut) im Bilde bleibt, im zweiten Teil jedoch einen gedanklichen Schluß beim Leser voraussetzt hin zu einer (allzu) optimistischen Zukunftsdeutung.

3. Friedrich von Hagedorn:

„DER MAI"

Der Nachtigall reizende Lieder
Ertönen und locken schon wieder
Die fröhlichsten Stunden ins Jahr.
Nun singet die steigende Lerche,
Nun klappern die reisenden Störche,
Nun schwatzet der gaukelnde Star.

Wie munter sind Schäfer und Herde!
Wie lieblich beblümt sich die Erde!

Wie lebhaft ist jetzo die Welt!
Die Tauben verdoppeln die Küsse,
Der Entrich besuchet die Flüsse,
Der lustige Sperling sein Feld.

Wie gleichet doch Zephyr der Floren!
Sie haben sich weislich erkoren,
Sie wählen den Wechsel zur Pflicht.
Er flattert um Sprossen und Garben,
Sie liebet unzählige Farben,
Und Eifersucht trennet sie nicht.

Nun heben sich Binsen und Keime,
Nun kleiden die Blätter die Bäume,
Nun schwindet des Winters Gestalt;
Nun rauschen lebendige Quellen
Und tränken mit spielenden Wellen
Die Triften, den Anger, den Wald.
Wie buhlerisch, wie so gelinde
Erwärmen die westlichen Winde
Das Ufer, den Hügel, die Gruft!
Die jugendlich scherzende Liebe
Empfindet die Reizung der Triebe,
Empfindet die schmeichelnde Luft.

Nun stellt sich die Dorfschaft in Reihen,
Nun rufen euch muntre Schalmeien,
Ihr stampfenden Tänzer, hervor!
Ihr springet auf grünender Wiese,
Der Bauernknecht hebet die Liese
In hurtiger Wendung empor.

Nicht fröhlicher, weidlicher, kühner
Schwang vormals der braune Sabiner
Mit männlicher Freiheit den Hut.
O reizet die Städte zum Neide,
Ihr Dörfer voll hüpfender Freude!
Was gleichet dem Landvolk an Mut?

Unter den Dichtern der frühen Aufklärungszeit ist es besonders Hagedorn, der das anmutig-heitere, lebensfrohe, gesellig-graziöse Lied wieder aufnahm, das auf den griechischen Lyriker Anakreon zurückzuführen ist (daher werden diese Dichter auch Anakreontiker genannt). Hier gibt es weder Ernst noch Sorgen, Mühsal und Leid. Nur der unbewölkte Himmel und der zum Lebensgenuß einladende Frühling, der bekränzte, weinduftende Becher und die anmutige Gesellschaft schöner Mädchen sind hier zugelassen.

Eine Idylle dieser Art ist auch das vorliegende Mai-Gedicht Hagedorns. Es besteht aus sieben Strophen zu je sechs Versen, mit einem anmutigschwingenden Rhythmus ausgestattet und durch ein wohl überlegtes Reimschema zusammengehalten:

xx'xxx'xxx'x	a
xx'xxx'xxx'x	a
xx'xxx'xxx'	b
xx'xxx'xxx'x	c
xx'xxx'xxx'x	c
xx'xxx'xxx'	b

Das ohne weiteres verständliche Gedicht ist in den ersten vier Strophen ein einziges Loblied auf die frühlingshafte Natur im Mai: Nachtigall, Lerche, Storch und Star leiten diese schönste Jahreszeit gleichsam ein, der Schäfer und seine Herde, die Tauben, der Enterich und der Sperling folgen, ebenso der Wind und die Pflanzen; durch das Wasser der Quellen wird die pflanzliche Natur belebt, der Winter schwindet. Von der fünften Strophe ab wird der Mensch einbezogen: die Liebe erwacht, die Lust am Tanz bricht hervor, das Dorf übertrifft die Stadt an Freude und Fröhlichkeit.

Es wäre verfehlt, hier nach einem hintergründig-tiefsinnigen „Gehalt" suchen zu wollen. In einer geradezu illusionistischen Verniedlichung ist die Welt eben die „beste aller möglichen Welten" (Leibniz), und zwar besonders im Mai; daher gibt es hier nur Anmut und Schönheit, nur Freude und Tanz, nur Fröhlichkeit und Glück. Jedoch will uns diese paradiesische Welt dörflich-natürlicher Seligkeit allzu optimistisch erscheinen!

4. Matthias Claudius:

„DER FRÜHLING. AM ERSTEN MAIMORGEN“

Heute will ich fröhlich sein,
Keine Weis und keine Sitte hören;
Will mich wälzen und für Freude schrein,
Und der König soll mir das nicht wehren;

Denn e r kommt mit seiner Freuden Schar
Heute aus der Morgenröte Hallen,
Einen Blumenkranz um Brust und Haar,
Und auf seiner Schulter Nachtigallen;

Und sein Antlitz ist ihm rot und weiß,
Und er träuft von Tau und Duft und Segen —
Ha! mein Thyrsus sei ein Knospenreis,
Und so tauml' ich meinem Freund entgegen.

Daß die herzliche Einfalt und die beseelte Schlichtheit der Lyrik des Matthias Claudius die Herzen der Hohen wie der Geringen in gleichem Maße zu ergreifen und im Schlicht-Menschlichen zu verbinden imstande war, zeigt nicht nur sein bekanntes „Abendlied“ („Der Mond ist aufgegangen“), sondern auch dieses Gedicht.

Es setzt ein mit dem kindlich-naiven Willen zur Fröhlichkeit am ersten Maimorgen, einer Fröhlichkeit, die weder durch Weisheit und Sitte noch gar vom König unterbunden werden kann. In der zweiten Strophe ist der Frühling dann plötzlich da, einer antiken Göttergestalt vergleichbar, mit Blumenkranz und Nachtigallen geschmückt. Wie Dionysos-Bacchus wird er in der dritten Strophe erlebt, und so „paßt“ dann auch das einzige „Bildungswort“ des Gedichtes: „Thyrsus“: der von Weinlaub umwundene Stab der Bacchantinnen. Der letzte Vers rundet das Gedicht wahrhaft ab: das Entgegentaumeln entspricht dem Fröhlichsein; das schlichtmenschliche Gefühl der Freude am Frühling wird genauestens getroffen und in einer Sprache ausgedrückt, die jedem verständlich ist.

5. Ludwig Heinrich Christoph Hölty:

„FRÜHLINGSLIED"

Die Luft ist blau, das Tal ist grün,
Die kleinen Maienglocken blühn,
Und Schlüsselblumen drunter;
Der Wiesengrund
Ist schon so bunt,
Und malt sich täglich bunter.

Drum komme, wem der Mai gefällt,
Und freue sich der schönen Welt
Und Gottes Vatergüte,
Die solche Pracht
Hervorgebracht,
Den Baum und seine Blüte.

Die Schlichtheit, Innigkeit und musikalische Schönheit der Lyrik Höltys zeigt sich in diesen Versen. Durch den jambischen Rhythmus, die unterschiedliche Anzahl der Metren und das Reimschema aabccb wird gleichsam die Melodie des Frühlings eingefangen. Es ist, als ob die Verse einen Reigen tanzen zu Ehren des Mai, der die Natur belebt und bunt färbt und im Menschen Fröhlichkeit und Dankbarkeit erwachsen läßt. In naiver Freude und kindlich-religiöser Demut singt der Dichter sein Lied vom Frühling, das nur das Schöne kennt, ohne jedoch in Hagedornsche Verniedlichung zu verfallen. Das Gedicht drückt kein individuelles Fühlen aus, sondern ist Gesellschaftslied; es erscheint kein lyrisches Ich. Mensch und Natur sind Bestandteile der übergreifenden göttlichen Ordnung, die als „Vatergüte" erscheint (V. 9) und Sinnbild der göttlichen Gnade ist.

6. Johann Wolfgang v. Goethe:

„MAIFEST"

Wie herrlich leuchtet
Mir die Natur!

Wie glänzt die Sonne!
Wie lacht die Flur!

Es dringen Blüten
Aus jedem Zweig
Und tausend Stimmen
Aus dem Gesträuch

Und Freud und Wonne
Aus jeder Brust.
O Erd, o Sonne,
O Glück, o Lust,

O Lieb, o Liebe,
So golden schön
Wie Morgenwolken
Auf jenen Höhn,

Du segnest herrlich
Das frische Feld —
Im Blütendampfe
Die volle Welt!

O Mädchen, o Mädchen,
Wie lieb ich dich!
Wie blinkt dein Auge,
Wie liebst du mich!

So liebt die Lerche
Gesang und Luft,
Und Morgenblumen
Den Himmelsduft,

Wie ich dich liebe
Mit warmem Blut,
Die du mir Jugend
Und Freud und Mut

Zu neuen Liedern
Und Tänzen gibst.
Sei ewig glücklich,
Wie du mich liebst.

Dieses Gedicht Goethes ist im Mai 1771 entstanden, in der vorliegenden Fassung 1775 in Jacobis Zeitschrift „Iris" zuerst gedruckt und 1789 in die „Schriften" mit dem Titel „Mailied" und unwesentlichen Veränderungen aufgenommen worden.

Es bildet nicht nur den Höhepunkt von Goethes Sesenheimer Lyrik, sondern ist auch sein erstes ganz großes Gedicht, in dem ausgedrückt wird, wie im Menschen Naturanschauung und Liebesleben aus einem gemeinsamen religiösen Ursprung erfahren werden. Den biographischen Hintergrund dieses Gedichtes bilden die elsässische Landschaft und Goethes Liebe zur Sesenheimer Pfarrerstochter Friederike Brion. Auf den Ursprung des „Maifestes" deuten wahrscheinlich die folgenden Zeilen an Johann Daniel Salzmann vom 29. Mai 1771: „Getanzt hab ich und die Älteste Pfingstmontags, von zwey Uhr Nachtisch biss 12 Uhr in der Nacht, an einem fort, ausser einigen Intermezzos von Essen und Trincken."

Das Gedicht ist in neun Strophen zu je vier Versen äußerlich gegliedert; alle Verse zeigen zweihebige Jamben, doch wechseln akatalektische und katalektische Versausgänge. In acht von den neun Strophen bemerkt man das Reimschema abcb, nur in einer — der dritten — den Kreuzreim. Die inhaltliche Gliederung zeigt jedoch eine starke Abweichung von der formal-äußerlichen in Strophen. Es ist typisch für den Sturm-und-Drang-Goethe, daß das Dionysische des Gefühlten jubelnd, tanzend und feierlich-hymnisch zugleich das Formale überspült und übersprudelt.

Der „lyrische Vorgang" besteht aus drei Phasen:

1. I, 1 — III, 2 (V. 1—10): Drei beglückende menschliche Ausrufe über die Schönheit der frühlingshaften Natur (V. 1—4), die V. 5—10 beziehen dann die Pflanzenwelt und das Tierreich in den Jubel der menschlichen Seele mit ein.
2. III, 3 — V, 4 (V. 11—20): Zunächst wiederum eine Fülle von Ausrufen, dann ein (pantheistischer) Vergleich der göttlichen Liebe mit der Natur, schließlich die Segnungen dieser göttlichen Liebe, gezeigt an der frühlingshaften Natur.

3. VI, 1 — IX, 4 (V. 21—36): Wieder Ausrufe der Liebe, jetzt aber sehr klar der menschlichen Liebe, anschließend in einem Vergleichen mit der Lerche und den Morgenblumen das (wiederum pantheistische) Einswerden von Natur und Mensch in der Liebe. Das Gedicht schließt (V. 35—36) mit einem letzten — in die Form eines Wunsches gekleideten — Ausruf: Der Ring hat sich geschlossen.

Das Gedicht ist ohne weiteres verständlich, jeder kann das Gestaltete nachvollziehen, dennoch ist es immer wieder „neu". Max Kommerell hat über den Zauber dieser Verse unübertrefflich gesagt: „Eine Seele, eigen und unverwechselbar, die sich selbst zuhörend der Natur etwas abhört, das die anderen nicht haben und nicht wissen. Und zwar unschuldig: Er glaubt, die Sprache aller Menschen zu sprechen, nur weil die Natur seine Sprache spricht"[3]).

7. *Ludwig Uhland:*

„FRÜHLINGSGLAUBE"

Die linden Lüfte sind erwacht,
Sie säuseln und weben Tag und Nacht,
Sie schaffen an allen Enden.
O frischer Duft, o neuer Klang!
Nun, armes Herze, sei nicht bang!
Nun muß sich alles, alles wenden.

Die Welt wird schöner mit jedem Tag,
Man weiß nicht, was noch werden mag,
Das Blühen will nicht enden.
Es blüht das fernste, tiefste Tal:
Nun, armes Herz, vergiß der Qual!
Nun muß sich alles, alles wenden.

Ludwig Uhlands „Frühlingsglaube" ist echtes Bekenntnis. Uhland war, wie Johannes Klein zu Recht sagt, „ein wortkarger Lyriker"[4]). Er bekennt nur selten so unmittelbar wie hier, da er seinen Frühlings*glauben* ausspricht.

---

[3]) Max Kommerell: Gedanken über Gedichte, S. 106. Frankfurt a. M. 1943.
[4]) Johannes Klein: Geschichte der deutschen Lyrik von Luther bis zum Ausgang des zweiten Weltkrieges, S. 476. Wiesbaden 1957.

Das Gedicht umfaßt zwei Strophen zu je sechs Versen im jambischen und anapästischen Rhythmus. Da das Reimschema aabccb lautet, wäre die Gefahr einer inneren Zweiteilung der Strophen nach dem jeweils dritten Vers gegeben. Uhland entgeht dieser Gefahr, indem er eine innere Zweiteilung vornimmt, die vom Außen zum Innen schreitet und jeweils vier bzw. zwei Verse jeder Strophe umfaßt. So sind die beiden Strophen äußerlich und innerlich gleich gebaut mit einer leichten, allerdings wichtigen Variation von V. 5 zu V. 11.
Beide Strophen setzen ein mit einer beschreibenden Gestaltung des Frühlings, einer begeisterten und begeisternden Aussage (V. 1—4, 7—10). Hier wird das Äußere, die frühlingshafte Natur, geschaut, während in den beiden letzten Versen jeder Strophe die Wendung zum Innern hin vorgenommen wird, zum menschlichen Herzen.
Lauten V. 6 und V. 12 auch gleich, so ist die Veränderung von V. 5 zu V. 11 im Sinne einer Steigerung und Abrundung zu verstehen. V. 11 klingt endgültiger, abgeschlossener, konkreter. Das „Sei nicht bang!" ist tröstliche Versicherung, die Zukünftiges betrifft und leichter nachvollziehbar ist als das „Vergiß der Qual!"; denn dieser Imperativ bezieht sich auf Vergangenes, auf leidvoll Gewesenes, das nun abgeschlossen und vergessen werden kann und muß.
So ist denn dieses Uhlandsche Gedicht keine unverbindliche Wortmalerei, sondern letztlich imperativischer Anruf an den Menschen, sich mit dem Wechsel der Jahreszeit selbst mit zu wandeln.
Die einfache Sprache dieser Verse enthält ein Vokabular, das weitgehend aus der Welt der Romantik stammt: „Linde Lüfte", „säuseln", „Tag und Nacht", „Duft", „Blühen", „Tal" — vor allem aber „Herz", das Zentrum des Menschen und — für die Romantiker noch: damit — der Welt. Dadurch steht Uhland in einer gewissen Nähe zu Eichendorff, bei dem es auch gelegentlich jene biedermeierliche Idyllik gibt, die diese Verse umweht.

8. Eduard Mörike:

„ER IST'S"

Frühling läßt sein blaues Band
Wieder flattern durch die Lüfte;
Süße, wohlbekannte Düfte

Streifen ahnungsvoll das Land.
Veilchen träumen schon,
Wollen balde kommen.
— Horch, von fern ein leiser Harfenton!
Frühling, ja du bist's!
Dich hab ich vernommen!

Eduard Mörikes nur neun Verse umfassendes Frühlingsgedicht ist ein Kleinod unserer Lyrik. Es zeigt folgenden formalen Bau:

x'xx'xx'xx'	a
x'xx'xx'xx'x	b
x'xx'xx'xx'x	b
x'xx'xx'xx'	a
x'xx'xx'	c
x'xx'xx'x	d
x'xx'xx'xx'xx'	c
x'xx'xx'	e
x'xx'xx'x	d

Man erkennt: Durchgehend Trochäen, die ersten vier Verse vierhebig, dann folgen zwei dreihebige, ein fünfhebiger und wieder zwei dreihebige Verse. Nun kann man bereits „ablesen": Das Gedicht zeigt einen leichten Einschnitt nach V. 4, der zweite Teil wird deutlich durch V. 7 (den einzigen fünfhebigen Vers) unterbrochen. Bei einem vollendeten Gedicht müssen Form und Inhalt, Gestalt und Gehalt miteinander korrespondieren, weisen formale Eigentümlichkeiten auf inhaltliche Besonderheiten hin:
In den ersten vier relativ weit ausholenden Versen (vierhebig) gestaltet der Dichter den Frühling schlechthin. Das „Blau" in V. 1 ist sinnlicher Eindruck; das dazugehörige „Band" schon Bild dichterischer Phantasie. Das Blau ist hier die Farbe des Frühlings und weckt mit „Band" mannigfaltige Assoziationen: die am Himmel ziehenden Wolken, ein flatterndes Tuch, wehende Fahnen. Die wiederum sinnlich wahrnehmbaren „Düfte" (V. 3) entsteigen nicht etwa der Erde, sondern „streifen" ahnungsvoll das Land" (V. 4); also auch hier wieder eine Verbindung von Wahrnehmung und dichterischer Bildkraft.

Nun folgen zwei dreihebige Verse: eine konzentrierte Aussage, die wieder Reales („Veilchen ... wollen balde kommen") mit dichterischer Phantasie („träumen schon") vermengt und so eine einmalige Imagination schafft.

Der sich anschließende fünfhebige Vers, durch einen Gedankenstrich vom vorhergehenden getrennt, ist beglückender Ausruf des Ich, ist gefühlter und gespürter Jubel der Seele, umgesetzt in das dichterische Wort. „Harfenton" (V. 7) ist nichts Reales, sondern künstlerisches Bild, ist Vergleich und unhörbare „Musik" des Frühlings.

Nach dieser scheinbaren „Stockung" wird jetzt die absolute Gewißheit ausgesprochen, das Empfinden umgesetzt in Sprache, das glückselige Ich findet sich gleichsam in seiner Glückseligkeit bestätigt, daher „sprudelt" es diese Worte aus sich heraus (Höhepunkt des Gedichtes, der „tote" Reim!). Und nun ist der letzte Vers deutlich Abschluß, Abrundung, befreiender Ausklang.

Taucht das „Ich" auch nur im letzten Vers ausdrücklich auf, so ist es doch von Anfang an „da", ja, es spricht gleichsam mit sich selbst. So ist denn das ganze Gedicht eine „Verlautbarung des Innersten"[5]).

9. Eduard Mörike:

„IM FRÜHLING"

Hier lieg' ich auf dem Frühlingshügel:
Die Wolke wird mein Flügel,
Ein Vogel fliegt mir voraus.
Ach, sag mir, alleinzige Liebe,
Wo du bleibst, daß ich bei dir bliebe!
Doch du und die Lüfte, ihr habt kein Haus.

Der Sonnenblume gleich steht mein Gemüte offen,
Sehnend,
Sich dehnend

---

5) Erich Hock: Motivgleiche Gedichte von Walther von der Vogelweide bis Josef Weinheber. Lehrerband, S. 49. Bamberg o. J. (etwa 1953).

In Lieben und Hoffen.
Frühling, was bist du gewillt?
Wann werd' ich gestillt?

Die Wolke seh' ich wandeln und den Fluß,
Es dringt der Sonne goldner Kuß
Mir tief bis ins Geblüt hinein;
Die Augen, wunderbar berauschet,
Tun, als schliefen sie ein,
Nur noch das Ohr dem Ton der Biene lauschet.

Ich denke dies und denke das,
Ich sehne mich und weiß nicht recht, nach was:
Halb ist es Lust, halb ist es Klage;
Mein Herz, o sage,
Was webst du für Erinnerung
In golden grüner Zweige Dämmerung! –
Alte unnennbare Tage!

Dieses zweite Frühlingsgedicht Mörikes unterscheidet sich von dem vorigen in allen wesentlichen Punkten. Es zeigt den „anderen" Mörike, den sich sehnenden, einsamen, fast ein wenig resignierenden Pfarrer aus Cleversulzbach.

Die Form des Gedichtes ist folgende: 25 Verse, geteilt in vier Strophen zu sechs, sechs, sechs und sieben Versen. Das Reimschema eröffnet einen ersten Zugang:

1. Strophe: aabccb;
2. Strophe: abbacc;
3. Strophe: aabcbc;
4. Strophe: aabbccb.

Das Metron gibt kaum Aufschlüsse: Alle Metren sind vertreten, die Länge der Verse ist recht unterschiedlich (vom einhebigen bis zum sechshebigen Vers).

Die ersten beiden Strophen bilden offensichtlich eine Einheit. Die Strophen 1 und 2 umfassen zusammen 12 Verse, die dritte und vierte 12 und einen Extra-Vers (nach V. 24 durch den Gedankenangedeutet).

Das Ich liegt in der frühlingshaften Natur, beobachtet die Wolken und läßt sich gewissermaßen von ihnen mitziehen (V. 2). Da erwacht die Erinnerung an die „alleinzige Liebe" (V. 4), die vergangen ist, die das Ich aber doch halten möchte, — jedoch es ist vergeblich (V. 6). Dabei ist aber das Ich so „offen" für die Liebe (V. 7), sehnt sich und „dehnt" sich (V. 9) und bittet den Frühling um Stillung seiner Sehnsüchte (V. 11—12).

Der zweite Teil des Gedichtes ist distanzierter, überwindender. Zunächst wird wiederum nur die Natur geschaut, aber jetzt dringt sie tief in das Innere des Ichs ein (V. 14—15). Wie Rausch, wie Schlaf kommt es über das Ich, nur den Bienen zu lauschen vermag es noch (V. 18), — aber auch zu denken, jedoch unbestimmt ist dieses Denken (V. 19), wie auch das Sehnen nun unbestimmt wird (V. 20). Hier geht eine Wandlung vor, hier verschwimmt der resignierend-traurige Gedanke an die „alleinzige Liebe" (V. 4) und verwandelt sich in Erinnerung (V. 23), die die Kraft weckt, den Verlust der Liebe umzusetzen in die zunächst nur gefühlte Erkenntnis, daß das Schöne nur in der Erinnerung schön bleibt (V. 25; der letzte, durch einen Gedankenstrich abgesetzte Vers). Der Goethesche Vers aus dem „Bräutigam" klingt an: „Wie es auch sei, das Leben, es ist gut".

Dieses Gedicht ist Sprache gewordene Überwindung, es zeugt von der Kraft Mörikes zur Entsagung im Sinne der Klassik.

Stil- und Wortanalysen können an diesem Gedicht Ähnliches zeigen und aufweisen. Johannes Klein nimmt das Ergebnis gleich vorweg, indem er formuliert: „Es ist das Bedeutsame an Mörike, daß er die vorangegangenen Bewegungen zusammenfaßt, die künftigen vorwegnimmt und Beziehungen zu den damals gegenwärtigen hat. Die vorangegangenen: Klassik und Romantik, sind in ihm versöhnt. Die künftigen: der Impressionismus, also die Eindruckskunst, gibt seinen Gedichten den überraschenden und neuartigen Ton. Die gegenwärtige: der Realismus, ist in Mörike gleichsam durch die klassische Haltung ermutigt und verfeinert" [5a]).

[5a]) Johannes Klein: Geschichte der deutschen Lyrik von Luther bis zum Ausgang des zweiten Weltkrieges, S. 534. Wiesbaden 1957.

10. Heinrich Heine:

„FRÜHLINGSFEIER"

Das ist des Frühlings traurige Lust!
Die blühenden Mädchen, die wilde Schar,
Sie stürmen dahin, mit flatterndem Haar
Und Jammergeheul und entblößter Brust: —
Adonis! Adonis!

Es sinkt die Nacht. Bei Fackelschein
Sie suchen hin und her im Wald,
Der angstverwirret widerhallt
Von Weinen und Lachen und Schluchzen und Schrein:
Adonis! Adonis!

Das wunderschöne Jünglingsbild
Es liegt am Boden blaß und tot,
Das Blut färbt alle Blumen rot,
Und Klagelaut die Luft erfüllt: —
Adonis! Adonis!

Heines „Frühlingsfeier" aus den „Neuen Gedichten" von 1844 zeigt einen ganz klaren formalen Bau: Sie besteht aus drei Strophen zu je fünf Versen. Das Reimschema lautet: abba c; die a- und b-Reime sind vierhebig (meist Jamben, aber auch einige Anapäste), der c-Reim zweihebig, er meint den schönen Geliebten der Venus.

Betrachten wir den Inhalt: „Blühende", aber zugleich auch „wilde" Mädchen (V. 2) stürmen durch den Wald und suchen Adonis. Eine bacchantische Schar wird hier geschaut, die unter „Jammergeheul" (V. 4) auf der Suche nach der Schönheit ist. Noch bei Nacht und Fackelschein (V. 6) geht die Suche weiter, und der Wald widerhallt „von Weinen und Lachen und Schluchzen und Schrein" (V. 9). Der Eindruck vom Trunken-Bacchantischen verstärkt sich gerade durch diese scheinbaren Widersprüchlichkeiten. Wird Adonis gefunden? Die Mädchenschar stößt nur auf sein Bild (V. 11), das leblos im Walde liegt. Aber: „Das Blut färbt alle Blumen rot" (V. 13), es ist also etwas Wirkliches an diesem Imaginären. Zuletzt der „Klagelaut": „Adonis! Adonis!" (V. 14 und 15).

Begierig sucht und erwartet der Mensch im Frühling das Schöne, um es gleichsam zu feiern (Gedicht-Überschrift). Die sich anbahnende Verzweiflung, es vielleicht doch nicht zu finden („Weinen", „Schluchzen"), und die immer wiederkehrende Gewißheit, es einfach finden zu müssen („Lachen" und „Schrein") wechseln miteinander in der Brust des Menschen. Er findet bei seinem Suchen auch etwas, aber nur ein Bild, einen Abglanz, ein ganz Anderes. Dieses Andere jedoch ist der Frühling, die Schönheit — hier ist Rot die beherrschende Farbe! —, nur; er erkennt es nicht, er meint, klagen zu müssen, weil er die Welt nicht durch-schaut, nicht durch sie hindurchsehen kann, nur das Bild erblickt, in dem sich die Wirklichkeit offenbart. Daher trifft die Wendung in V. 1 von der „traurigen Lust" sehr genau den Sachverhalt, daher kann die Überschrift auch als Heinesche Ironie gedeutet werden!

Es gehört zu dem künstlerischen Rang dieses Gedichtes — Unausschöpfbarkeit eines Kunstwerkes! —, daß es noch eine zweite Deutungsmöglichkeit gibt, die im wesentlichen die dritte Strophe berührt:

In Heines „Reisebildern" stehen die Sätze: „Mir war's oft, als sähe ich ein wunderschönes Jünglingsantlitz über jene Berge hervorlauschen. — Einst sogar, in der goldenen Abenddämmerung, sah ich auf der Spitze einer Alpe ihn ganz und gar, lebensgroß, den jungen Frühlingsgott." Sind die „Reisebilder" zwar auch bereits in den Jahren 1826—1831 entstanden, so könnte die Gleichsetzung Frühlingsgott — Adonis aber doch wohl möglich sein. Das würde bedeuten, daß die bacchantische Mädchenschar in Adonis den Frühling sucht. Der Wald, die Natur, ist von dieser ekstatischen Suche „angstverwirret" (V. 8). Der Frühling aber wird von einer solchen „wilden Schar" (V. 2) eben nicht gefunden: Strophe drei. Wildheit und Ekstase sind dem Frühling eben nicht gemäß. Man findet nur rotes Blut (V. 13), den Sommer vielleicht, aber hat den Frühling „verfehlt". Und nun „berichtet" der Dichter von dem „Klagelaut" (V. 14) der Natur (!), weil der wirkliche Frühling eben nicht gesehen wurde. Dann läge in der Überschrift zwar auch ein Quentchen Ironie, mehr aber noch resignierende Feststellung.

11. Nikolaus Lenau:

„LIEBESFEIER"

An ihren bunten Liedern klettert
Die Lerche selig in die Luft;
Ein Jubelchor von Sängern schmettert
Im Walde voller Blüt und Duft.

Da sind, soweit die Blicke gleiten,
Altäre festlich aufgebaut,
Und all die tausend Herzen läuten
Zur Liebesfeier dringend laut.

Der Lenz hat Rosen angezündet
An Leuchtern von Smaragd im Dom;
Und jede Seele schwillt und mündet
Hinüber in den Opferstrom.

Lenaus Gedicht ist wohl nur von der schwingenden Musikalität her verständlich und nachvollziehbar; sprachlich ist es wohl kaum meisterhaft zu nennen.
Das überraschende und einprägsame Bild der beiden Eingangsverse kann nicht darüber hinwegtäuschen, daß die dem gesamten Gedicht zugrunde gelegte Vision von der Vermählung („Liebesfeier") zwischen der menschlichen Seele und der frühlingshaften Welt recht gesucht ist. Die weiterhin eingeblendeten Bilder der „Altäre" (V. 6) und des „Opferstroms" (V. 12) lassen an Abendmahl und kirchliche Riten denken. Es handelt sich hier offenbar um eine Gestaltung subjektiver Gefühle, die kaum objektive Gültigkeit zu beanspruchen vermögen.

12. Hugo von Hofmannsthal:

„VORFRÜHLING"

Es läuft der Frühlingswind
Durch kahle Alleen,

Seltsame Dinge sind
In seinem Wehn.

Er hat sich gewiegt,
Wo Weinen war,
Und hat sich geschmiegt
In zerrüttetes Haar.

Er schüttelte nieder
Akazienblüten
Und kühlte die Glieder,
Die atmend glühten.

Lippen im Lachen
Hat er berührt,
Die weichen und wachen
Fluren durchspürt.

Er glitt durch die Flöte
Als schluchzender Schrei,
An dämmernder Röte
Flog er vorbei.

Er flog mit Schweigen
Durch flüsternde Zimmer
Und löschte im Neigen
Der Ampel Schimmer.

Es läuft der Frühlingswind
durch kahle Alleen,
Seltsame Dinge sind
In seinem Wehn.

Durch die glatten
Kahlen Alleen
Treibt sein Wehn
Blasse Schatten.

Und den Duft
Den er gebracht.
Von wo er gekommen
Seit gestern Nacht.

Die Ganzheit zu schauen, wie es nach Hofmannsthals Auffassung das Amt des Dichters ist, kann nur gelingen, wenn das Ganze in das dichterische Ich hineingeholt, wenn es vergegenwärtigt wird, — das aber heißt: im Traum, in der Vision, in der Einbildungskraft, im dichterischen Bild, im Symbol. So hat sich denn auch Hugo von Hofmannsthal 1903 in seinem „Gespräch über Gedichte" dahingehend geäußert, daß Lyrik aus dem Symbol lebe, daß also jedes vollkommene Gedicht symbolhafte Gestaltung der Wirklichkeit sei: „Jedes vollkommene Gedicht ist Ahnung und Gegenwart, Sehnsucht und Erfüllung zugleich." Der Dichter sei ein Deuter, der „jedes Ding dem Ganzen zuordnet".

Hofmannsthals Vorfrühlingsgedicht — im März 1892 entstanden, also ein genialer Wurf des Achtzehnjährigen! — besteht aus 36 tanzenden und schwebenden Versen voll weicher Musikalität. Sie sind in neun Strophen zu je vier Versen angeordnet. Die Strophen eins bis sieben weisen den Kreuzreim auf (abab), die achte den verschränkten Reim (abba), die neunte das Reimschema abcb. Von der Bedeutung dieser Abweichungen wird noch zu sprechen sein.

Hofmannsthal trifft einen völlig eigenen und neuen Ton in der Geschichte der deutschen „Frühlings-Lyrik" durch den einmaligen Rhythmus, der wie der Vorfrühlingswind selbst ist, den das Gedicht gestaltet. Der Vorfrühling wird symbolisiert durch den Vorfrühlingswind, der wie ein Bote durch die Alleen „läuft" (V. 1) und „seltsame Dinge" (V. 3) durch sein Wehn mit sich bringt, ahnen und erkennen läßt. Fast jede Strophe birgt etwas Überraschendes, läßt aufhorchen und mitschwingen: hier die „seltsamen Dinge", in V. 8 das „zerrüttete Haar"; überall stößt man auf unerwartete sprachliche Fügungen, die den Leser in den Bann ziehen (deshalb bemerkt auch kaum jemand den sachlichen Irrtum: Akazien (V. 10) blühen nicht im Vorfrühling!). Der Dichter hat mit diesen Versen ein Gedicht geschaffen, das wie ein hauchzarter, duftiger Schleier ist; deshalb hüte man sich, zu viel „erklären" zu wollen, — es wäre ein Zerstören. Nur aufmerksam machen darf man hier.

Die Strophen eins bis sieben sind zweipolig gebaut und sprechen von jeweils zwei „seltsamen Dingen“, die der Frühlingswind spürbar werden läßt. Durch den häufig angewandten Stabreim (Alliteration) wird das Wiegende und Schmiegende des Frühlingswindes hörbar und spürbar: „ge*w*iegt, *w*o *W*einen *w*ar“ (V. 5—6), „*G*lieder — *g*lühten“ (V. 11—12), „*L*ippen — *L*achen“ (V. 13), „*w*eichen — *w*achen“ (V. 15) u. ö. Der Wind bringt Landschaftliches und Seelisches mit, Leiden, Glück und Linderung (Strophe 2, 4, 6, 3). In der Flöte ist er „schluchzender Schrei“ geworden (V. 18), im Neigen löschte er „der Ampel Schimmer“ (V. 24). Leitmotivisch klingt dann die erste Strophe noch einmal auf (Strophe 7) — das Gedicht könnte zu Ende sein. Aber es folgen noch die Strophen 8 und 9, die bereits durch das abweichende Reimschema auffielen: Sie gestalten das Ankündigende, das Vorläufige, das rasch Vergehende dieses Windes. Nur „blasse Schatten“ (V. 32) und sein „Duft“ (V. 33) bleiben noch ein Weilchen, erinnern noch an ihn — dann vergehen auch sie.

Obgleich diese Verse angefüllt sind mit einer Vielzahl von Einzelheiten, werden nicht sie erlebt, sondern ihre Verwobenheit zum Ganzen dieser Jahreszeit.

13. Rainer Maria Rilke:

„VORFRÜHLING“

Härte schwand. Auf einmal legt sich Schonung
An der Wiesen aufgedecktes Grau.
Kleine Wasser ändern die Betonung.
Zärtlichkeiten, ungenau,

Greifen nach der Erde aus dem Raum.
Wege gehen weit ins Land und zeigen's.
Unvermutet siehst du seines Steigens
Ausdruck in dem leeren Baum.

Dieses Gedicht, entstanden im Frühjahr 1924, gehört in den Kreis der Natur- und Landschaftsgedichte des letzten Rilke, die zwischen

1924 und 1926 entstanden. Ihr unmittelbarer Anlaß war die herbherrliche Landschaft des Schweizer Kantons Wallis. Diese Gedichte sind jedoch nicht nur in einem kaum definierbaren Sinne „schön", sondern sie zeigen darüber hinaus, daß Rilke mit den „Sonetten an Orpheus" und den „Duineser Elegien" eben *nicht* sein letztes Wort gesprochen hat, wie man auch heute noch allzu häufig liest und hört. Nur für die Vertreter eines bestimmten Rilke-Bildes sind diese Gedichte ein Rückschritt, und zwar paradoxerweise deshalb, weil der Dichter in ihnen die Haltung seines Spätwerks in gewisser Weise hinter sich läßt, in ihren Augen jedoch zurückfällt in eine — wie sie meinen — quasi-idealistische Position. Wie dem auch sei: Die letzten Gedichte Rilkes besingen eine heile Welt — oder sollte man sagen: die geheilte Welt? Die Verse dieses Gedichtes sind mehr als nur „Natur- und Landschaftslyrik". In ihnen und aus ihnen spricht ein befreiter Mensch, der die Ungeborgenheit und das „Ausgesetzt"-Sein überwunden hat und wieder eins geworden ist mit der Natur und ihrem ewigen Rhythmus.

Die Verse 1 ff. greifen aus dem stetigen Kreislauf der Natur einen Moment heraus: Der Winter ist gegangen, der Frühling meldet sich an, zärtlich und nur dem Fühlenden spürbar (V. 1—3). Dieser Fühlende ist der Dichter, nur er, der es vermag, „kleinste Aggregatsverschiebungen in der Seinsweise der Natur zu erfüllen und auszusprechen"[6]). Die „Zärtlichkeiten" (V. 4) sind „ungenau" (ebd.), kaum erst zu ahnen. Aber sie „greifen nach der Erde aus dem Raum" (V. 5), sie kommen aus dem Zeitlosen, aus der Ewigkeit (vgl. etwa Rilkes „Lied vom Meer"), die ihrerseits durch die „Wege" (V. 6) deutlich symbolisiert ist („und zeigen's", V. 6: nämlich das Greifen, V. 5) und in den beiden letzten Versen noch intensiver zum Ausdruck kommt. „Unvermutet" (V. 7) wahrlich für den, der von den „Sonetten" und „Elegien" herkommt, „siehst du seines Steigens Ausdruck in dem leeren Baum" (V. 7—8), spürt man das immer stärker werdende Herüber-„Greifen" (V. 5) an dem (wie lange noch?) leeren Baum.

---

[6]) Werner Günther: Weltinnenraum. Die Dichtung Rainer Maria Rilkes. 2. Aufl., S. 27. Berlin 1952.

14. Ernst Stadler:

„VORFRÜHLING"

In dieser Märznacht trat ich spät aus meinem Haus.
Die Straßen waren aufgewühlt von Lenzgeruch und grünem Saatregen.
Winde schlugen an. Durch die verstörte Häusersenkung ging ich weit hinaus
Bis zu dem unbedeckten Wall und spürte: meinem Herzen schwoll ein neuer Takt entgegen.

In jedem Lufthauch war ein junges Werden ausgespannt.
Ich lauschte, wie die starken Wirbel mir im Blute rollten.
Schon dehnte sich bereitet Acker. In den Horizonten eingebrannt
Die Schleusen knirschten. Abenteuer brach aus allen Fernen.
War schon die Bläue hoher Morgenstunden, die ins Weite führen sollten

Überm Kanal, den junge Ausfahrtswinde wellten, wuchsen helle Bahnen,
In deren Licht ich trieb. Schicksal stand wartend in umwehten Sternen.
In meinem Herzen lag ein Stürmen wie von aufgerollten Fahnen.

Das Expressionistische an diesem Gedicht Ernst Stadlers liegt in den verwendeten Bildern und in den langen, weit ausholenden Versen in freien Rhythmen. Des Dichters etwas jüngerer Zeitgenosse, Kasimir Edschmid (eigentlich Eduard Schmid), hat denn auch 1918 in einer Rede von Stadlers „wunderbar rhythmischer Sprache", die „die Außenwelt einsog und umgestaltete zu Fließen und Farbe und Sehnsucht", gesprochen[7]). „Vorfrühling" besteht aus zwölf Versen

[7]) Abgedruckt in: Expressionismus. Der Kampf um eine literarische Bewegung. Hrsg. von Paul Raabe, S. 106–107. München 1965 (Sonderreihe dtv, Bd. 41).

im Kreuzreim (abab cdcd efef). Dadurch ergibt sich eine inhaltliche Scheidung in drei Abschnitte, jeweils vier Verse bilden eine Einheit. Der erste Abschnitt gestaltet ein reales Erlebnis: einen Abendspaziergang im Vorfrühling. Der „Geruch" des Frühlings und der Saat charakterisieren diesen Teil des Gedichtes, nur einige wenige Wörter weisen zunächst auf den expressionistischen Stil („aufgewühlt" in V. 2 und „meinem Herzen schwoll ein neuer Takt entgegen" in V. 4).

Im zweiten Abschnitt dagegen häufen sich nicht nur expressionistische Bilder (in jedem Vers findet sich ein solcher im Innern verarbeiteter „Ausdruck"), sondern auch das reale Erlebnis weitet sich aus (besonders deutlich: V. 8).

Das Wesen des dritten Abschnitts besteht in dem Hereinholen wesensfremder Elemente: „Abenteuer" (V. 9) und „aufgerollte Fahnen" (V. 12). Die künstlerisch-expressionistische Ausweitung des Vorfrühling-Bildes in „Schicksal" (V. 11) mag noch dichterisch glaubwürdig sein, aber das Einbrechen von Krieg-Klischees führt zu einem Bruch in dem Gedicht. Auch der mögliche Einwand, „Abenteuer", „umwehte Sterne" und „aufgerollte Fahnen" seien dichterische Visionen des kurze Zeit später gefallenen Verfassers, kann die Bedenken nicht zerstreuen, daß — zumindest im dritten Abschnitt des Gedichtes — nicht gestaltet, sondern geredet wird. Möglicherweise hat Claude David recht, wenn er fragt: „Vielleicht steckt in allen diesen Gewaltsamkeiten mehr Rhetorik als Poesie"?[8]). Andererseits: Expressionismus ist Ausdruck völliger Zerrissenheit, ist innerer Bruch — wie dieses Gedicht!

15. Gottfried Benn:

„ANEMONE"

Erschütterer —: Anemone,
Die Erde ist kalt, ist nichts,

[8]) Claude David: Von Richard Wagner zu Bertolt Brecht. Eine Geschichte der neueren deutschen Literatur, S. 214. Frankfurt a. M. 1964 (Fischer-Bücherei, Bd. 600).

Da murmelt deine Krone
Ein Wort des Glaubens, des Lichts.

Der Erde ohne Güte,
Der nur die Macht gerät,
Ward deine leise Blüte
So schweigend hingesät.

Erschütterer —: Anemone,
Du trägst den Glauben, das Licht,
Den einst der Sommer als Krone
Aus großen Blüten flicht.

Das vorliegende Gedicht ist 1935 entstanden und lebt aus der Distanz: Die seinerzeit so schockierenden „Morgue"-Gedichte liegen weit zurück, ebenso die übrigen Gedicht-Bände aus Benns expressionistischer Zeit und die frühen Prosa-Veröffentlichungen. Benn hat Distanz gewonnen zum bisherigen eigenen Schaffen, aber auch zum politischen Geschehen der Zeit und ebenso zum weltanschaulichen Axiom seiner Jugend, der Überwindung des Zwiespalts zwischen Trieb und Intellekt, zwischen Leben und Geist. Eine derartige Distanz bedeutet für Benn jedoch keineswegs nur Abstand, sondern auch „Rückzug auf Form und Maß" (Brief vom 23. 11. 1947 an seinen Schweizer Verleger Schifferli) oder — wie er es selbst genannt hat — Statik.

So entstand u. a. dies dreistrophige (dreimal vier Verse umfassende) Gedicht in Kreuzreimen und jambisch-anapästischem Rhythmus. In ihm klingt noch etwas nach von dem persönlichen Schicksal und von der „freiwilligen Verbannung"[9]) in das „Gegenglück" (Vgl. das Gedicht „Einsamer nie", in diesem Büchlein unter Nr. 20), den Geist, das Reich der absoluten Kunst.

Für die Kenner der Bennschen Lyrik enthält sogleich der erste Vers ein Signum der Distanzierung: den Gedankenstrich, verbunden mit dem Doppelpunkt; nicht nur Anweisung für den Sprecher, sondern auch Merkmal für ein äußerstes Geschiedensein. Der „Erschütterer"

[9]) Friedrich Wilhelm Wodtke: Gottfried Benn, S. 78. Stuttgart 1962.

ist zwar die „Anemone" (V. 1), aber unsichtbar dahinter steht der Erschütterte, das lyrische Ich, Benn. Er erkennt sich gleichsam in seiner Andersartigkeit. Die Welt, in der er lebt, „ist kalt, ist nichts" (V. 2). Hier wie in den späteren Versen (V. 5 ff.) geht die lyrische Aussage weit über das nur Jahreszeitliche hinaus, und „Erde" (V. 2) ist zu verstehen als geschichtliche und damit menschliche Welt. In diesen Raum hinein nun „murmelt" (V. 3) die Blütenkrone des Buschwindröschens „ein Wort des Glaubens, des Lichts" (V. 4). Gerade die Anemone, ein erster Bote des Sommers, strahlt und spricht ein Vertrauen und einen Glauben aus, zu denen der Dichter nicht mehr fähig ist, der in einer kalten und seelenlosen Welt steht. „Das Glaubenkönnen übersteigt Benns Kraft"[10]), aber man kann am Wortschatz des Gedichtes nachweisen („Krone": V. 3, 11; „Glauben": V. 4, 10; „Licht": V. 4, 10), daß der Pastorensohn Benn sein protestantisches Erbe in der Sprache weiterleben läßt. Daß unsere bisherige Interpretation der „Erde" als geschichtlich-menschliche Welt zutreffend ist, erhellt aus den V. 5—6: Nur die Abwesenheit von Güte kann Macht gebären. Diese Aussage ist äußerstes Konzentrat Bennscher „statischer" Kritik an der Geschichte und damit (als „Lehre" der Geschichte gleichsam) an einer Gesellschaft, „der es sowohl an schöpferischer Ursprünglichkeit wie an geistiger Tiefe fehlt"[11]) und die dafür nach Perfektion und Macht strebt. Dieser Welt, der auch ein Benn — wenn auch resignierend — angehört, „ward deine leise Blüte / so schweigend hingesät" (V. 7—8). Gerade das „Ding" im Sinne Rilkes, das einfache Lebewesen, die Anemone, wird zum „Erschütterer", zum Gegenpol dessen, der das Dasein gespalten und zerspalten sieht.

Die dritte Strophe zeigt zunächst noch einmal das skizzierte Bild der Anemone als das Stille, das andere, das blind Vertrauende der Pflanze, die dem Menschen gegenübersteht. Aber die letzten Verse (V. 11—12) deuten an, daß „einst" (V. 11), also irgendwann einmal, diese Seinsweise der Blume, verbunden mit „Glaube" und „Licht", auch für den Menschen gelten könnte.

---

[10]) Rolf Sanner: Gottfried Benn: 'Anemone'. In: Moderne deutsche Gedichte für die Schule, S. 103. München 1968.
[11]) Rolf Sanner: a. a. O. S. 102.

16. Georg Britting:

„FRÜH IM JAHR"

Die Äste sind schwarz
Und das Licht ist schmächtig —
Woran erkennst du den
Frühling?

Die Luft ist trächtig,
Trägt Hauch und Gerüche.
Kocht schon in der Küche,
Im felsigen Hohlraum
Die alte Frau Mutter?

Wind sagt seine Sprüche,
Die stößig gekürzten,
Dem Schweigen ins Ohr.
Felsen, was flennst du
Duftende Tränen?
Was soll dein Gähnen,
Sumpfloch im Moor?
Wind, und das nennst du schon
Ahnung und Frühling,
Weil in der Küche,
Im felsigen Tief,
Der Alten, der Mutter
Ein Topf überlief,
Mit Sud vom Gewürzten?

Das erste ins Auge fallende Charakteristikum dieses Frühlingsgedichtes sind Verdichtung, Verschmelzung und Ineinander-Übergehen, deutlich sichtbar bereits an der Form des Gedichtes:

Es handelt sich um 23 Verse, die in vier ungleich lange Strophen gegliedert sind und in denen alle Metren vorkommen. Das Reimschema ist kompliziert und interessant zugleich:

abcd beefg ehi kllimdengnh.

So betrachtet, sind die Reime, die mit a, c, f, k und m bezeichnet sind, „tote" Reime, d. h. sie kommen nur einmal vor; die übrigen zweimal, nur der e-Reim viermal (V. 6, 7, 10 und 19). Es kann gezeigt werden, daß gerade diese Reime besonders bedeutungs-trächtig sind.

Es ist aber noch eine andere formale Betrachtungsweise möglich: Hält man es für zulässig, daß nach einigen Reimwörtern gelegentlich der Auftakt des nächsten Verses noch an den vorigen gehängt ist — um möglicherweise eine Zäsur zu vermeiden —, dann reimen etwa "erkennst du" (V. 3) mit „Was flennst du" (V. 13) und „das nennst du" (V. 17). Dann sind nur die Verse 1 und 8 „tote" Reime, denen so besondere Bedeutung zukäme.

Die erste Strophe beginnt mit zwei Feststellungen und mündet nach dem Gedankenstrich sofort in die entscheidende Frage: „Woran erkennst du den Frühling?" (V. 3—4). Strophe zwei nennt zum ersten Male „die alte Frau Mutter" (V. 9), den Urgrund, das mütterliche Prinzip, von dem alles kommt. Dieser Urgrund der Erde ist bei Britting eine Art Abgrund, ein „felsiger Hohlraum" (V. 8), aus dem „Hauch und Gerüche" des Frühlings aufsteigen (V. 7). Sind das die „süßen, wohlbekannten Düfte" aus Mörikes „Er ist's"? Die dritte Strophe ist ins Drastische gewendet das, was Mörike so viel lieblicher und assoziativer das „blaue Band" genannt hat. Die letzte und umfangreichste Strophe besteht aus drei Fragen voller Abwehr, Abwertung und Unglauben. Die erste zeigt diesen Charakter schon durch die Wendung „flennst" (V. 13), die zweite durch das „Gähnen" (V. 15), die dritte durch das „überlief" (V. 22).

Legt man unsere erste mögliche formale Betrachtungsweise zugrunde, so liegt der Schwerpunkt dieses Gedichtes auf der Alten, ihrer Küche und den dort aufsteigenden Gerüchen. Bei der zweiten Möglichkeit der formalen Betrachtung würde der „Ort" der Mutter, nämlich der „felsige Hohlraum" (V. 8), in den Mittelpunkt gerückt, und die noch „schwarzen Äste" (V. 1), die dann offenbar aus diesem Hohlraum herausragen, würden anzeigen, daß eben dort unten nur „ein Topf überlief" (V. 22), das wirklich Erwartete, der Sommer vielleicht, noch nicht „da" ist.

II. Sommer

17. Paul Gerhardt:

„SOMMERGESANG"

Geh aus, mein Herz, und suche Freud
In dieser lieben Sommerszeit
An deines Gottes Gaben:
Schau an der schönen Gärten Zier,
Und siehe, wie sie mir und dir
Sich ausgeschmücket haben.

Die Bäume stehen voller Laub
Das Erdreich decket seinen Staub
Mit einem grünen Kleide:
Narzissus und die Tulipan,
Die ziehen sich viel schöner an
Als Salomonis Seide.

Die Lerche schwingt sich in die Luft,
Das Täublein fleucht aus seiner Kluft
Und macht sich in die Wälder:
Die hochbegabte Nachtigall
Ergötzt und füllt mit ihrem Schall
Berg, Hügel, Tal und Felder.

Die Glucke führt ihr Völklein aus,
Der Storch baut und bewohnt sein Haus,
Das Schwälblein speist die Jungen;
Der schnelle Hirsch, das leichte Reh
Ist froh und kommt aus seiner Höh
Ins tiefe Gras gesprungen.

Die Bächlein rauschen in den Sand
Und malen sich und ihren Rand
Mit schattenreichen Myrthen:

Die Wiesen liegen hart dabei
Und klingen ganz vom Lustgeschrei
Der Schaf' und ihrer Hirten.

Die unverdroßne Bienenschar
Zeucht hin und her, sucht hier und dar
Ihr' edle Honigspeise:
Des süßen Weinstocks starker Saft
Bringt täglich neue Stärk und Kraft
In seinem schwachen Reise.

Der Weizen wächset mit Gewalt,
Darüber jauchzet jung und alt
Und rühmt die große Güte
Des, der so überflüssig labt
Und mit so manchem Gut begabt
Das menschliche Gemüte.

Ich selbsten kann und mag nicht ruhn:
Des großen Gottes großen Tun
Erweckt mir alle Sinnen:
Ich singe mit, wenn alles singt,
Und lasse, was dem Höchsten klingt,
Aus meinem Herzen rinnen.

Zu den bekanntesten Gedichten Paul Gerhardts gehört sein „Sommergesang", ein Gedicht (Lied) von 15 Strophen, das man in Anthologien leider häufig nur gekürzt findet. Notgedrungen haben wir uns diesem Verfahren angeschlossen, gehen in der Interpretation aber auch auf die nicht abgedruckten Verse ein. Alle Strophen zeigen das folgende Schema:

xx'xx'xx'xx'	a	männlich	akatalektisch
xx'xx'xx'xx'	a	männlich	akatalektisch
xx'xx'xx'x	b	weiblich	katalektisch
xx'xx'xx'xx'	c	männlich	akatalektisch
xx'xx'xx'xx'	c	männlich	akatalektisch
xx'xx'xx'x	b	weiblich	katalektisch

Aus der Betrachtung der Form wird bereits deutlich, daß sich jeweils zwei Halbstrophen gegenüberstehen, die durch den dreihebigen Vers (b) zusammengehalten werden. Eine solch komplizierte Form, ausschließlich jambischer Versfluß, durchgehalten über 15 Strophen, ohne daß jemals die Sprache erzwungen oder des Schemas wegen „gesucht“ wirkt — das allein ist bereits eine höchst beachtliche künstlerische Leistung!

Das Lied setzt ein mit einer Anrufung der menschlichen Mitte, des Herzens (V. 1). Aber es ist nicht nur Mitte des Menschen, sondern gleichsam Mitte der Schöpfung: Es lebt nur von Gott her und wird deswegen ausgesandt (V. 1), um Freude an „Gottes Gaben“ zu suchen (V. 3). Wie persönlich ist dieser Gott („deines Gottes“: V. 3), wie ist er weder mit dem Verstand noch mit dem Gefühl allein faßbar, sondern nur im Zusammenwirken aller Kräfte und menschlichen Möglichkeiten! Der Mensch, des Menschen Herz, das einzelne Ich weiß sich hier unlösbar verbunden sowohl mit der gesamten Schöpfung als auch mit Gott. Die Schönheit der Natur und die Freude des Herzens sind Zeichen für die Vollkommenheit des göttlichen Werkes.

Von V. 4 bis V. 42 malt der Dichter jene Bilder, die der Sommer zeigt und die dem Herzen Freude geben; da sind der Garten in seiner Pracht (V. 4—6), die belaubten Bäume, die grünende Erde, die blühenden Blumen (V. 7—12), Lerche, Taube, Nachtigall (V. 13—18), die Glucke, der Storch, die Schwalbe, der Hirsch, das Reh in ihrer Freude (V. 19—24), die rauschenden Bächlein, die grünenden Wiesen mit Schafen und Hirten (V. 25—30), die fleißigen Bienen, der erstarkende Weinstock (V. 31—36), schließlich der wachsende Weizen — all diese bunten Bilder aber erwecken im Menschen das Gefühl tiefer Dankbarkeit gegenüber Gott, der in seiner Güte und Gnade in den V. 40—42 noch einmal charakterisiert wird.

Anschließend folgt die „Mittelpunkts“-Strophe des Gedichtes, die deutlich „überleitende Achse“ und letzte Strophe unseres gekürzten Abdrucks ist (V. 43—48): Die empfundene Dankbarkeit des Menschen läßt ihn nicht ruhen, läßt ihn nicht in passiver Betrachtung der Schönheit und Vollkommenheit der Schöpfung verharren, sondern einstimmen in den großen Sommergesang zum Lobe des Herrn. „Rühmen, das ist's“ und — in Umstellung — „Dasein ist Gesang“:

diese beiden Rilke-Worte bezeichnen und treffen das hier Gemeinte. Es ist oben von der „überleitenden Achse" als Charakter dieser Strophe die Rede gewesen, denn hier, wo das Gedicht abgeschlossen sein könnte und eben leider auch häufig als abgeschlossen erscheint, beginnt erst das Eigentliche für Paul Gerhardt. Die Welt der Immanenz ist ihm nur Symbol, nur farbiger Abglanz des noch Schöneren, des Unvergänglichen, des Himmelreiches. In drei Strophen schaut er „Christi Garten" (V. 49—66). Nach dem Höhepunkt der elften Strophe („O wär ich da!": V. 61) schwingt der inhaltliche Bogen des Liedes wieder zurück in diesseitige Welt: auch hier will der Mensch nicht „stille schweigen" (V. 69). Wiederum ist es das Herz, das sich überall zum Lobe Gottes „neigen" soll (V. 72).

Nun senkt sich der Bogen: Die Bilder des ersten Teiles werden wieder aufgenommen, aber vermischt mit der Bitte um göttliche Hilfe.

Jetzt überblickt man unschwer den kunstvollen Aufbau des Gedichtes:

1. Liebevoll-staunendes Betrachten der göttlichen Schöpfung (Strophe 1—7; V. 1—42);
2. Mittelpunkt, „überleitende Achse" (Strophe 8; V. 43—48);
3. a) Schönheit und Ewigkeit des Himmelreiches (Strophe 9—11; V. 49—66);
   b) Rückkehr ins Diesseits, das nun als farbiger Abglanz des Himmlischen geschaut und erkannt wird (Strophe 12—15; V. 67—90).

Von diesem Beispiel ausgehend, wird man Albrecht Weber zustimmen, wenn er über Gerhardts Lied-Dichtung sagt: „Seine Lieder sind längst über die Grenzen einer Konfession hinausgewachsen, es sind christliche Lieder, allen gemein, geistliche Volkslieder"[12]).

---

[12]) Albrecht Weber: Deutsche Barock-Gedichte. Ausgewählt und interpretiert. S. 84. Frankfurt, Berlin, Bonn o. J.

18. Friedrich Hebbel:

„SOMMERBILD“

Ich sah des Sommers letzte Rose stehn,
Sie war, als ob sie bluten könne, rot;
Da sprach ich schauernd im Vorübergehn:
So weit im Leben, ist zu nah am Tod!

Es regte sich kein Hauch am heißen Tag,
Nur leise strich ein weißer Schmetterling;
Doch, ob auch kaum die Luft sein Flügelschlag
Bewegte, sie empfand es und verging.

Das Flüchtige und Zarte des zu Ende gehenden Sommers wird in diesen wundervollen Versen Hebbels an einer Rose gezeigt. Aber dieser Dichter ist niemals nur betrachtender, sondern stets auch fühlender Mensch. So steht hinter dem Bild von der vergehenden Rose die seelische Situation des Menschen im Spätsommer, ja Betrachtung und Gefühl stehen nebeneinander und gehen ineinander über. Bei genauerem Hinsehen und Hinhören bemerkt man nämlich, daß die ersten beiden Verse jeder Strophe Beobachtungen sind, die dann in den beiden folgenden Versen umgesetzt werden in Gefühl und Gestimmtsein. Aber durch Wortwahl und Rhythmus gelingt es dem Dichter, diese scheinbar säuberliche Scheidung zu verwischen und im Leser oder Hörer das Bild des vergehenden Sommers schlechthin zu erzeugen.
Bei einem so feinfühligen und empfindsamen Gedicht hüte man sich, zu viel und zu weit zu interpretieren! Diese Verse wirken aus sich selbst heraus — wie jedes echte Kunstwerk —, jedes Zerschwatzen aber tötet die Wirkung, die sie ausüben!

19. Conrad Ferdinand Meyer:

„ZWEI SEGEL“

Zwei Segel erhellend
Die tiefblaue Bucht!

Zwei Segel sich schwellend
Zu ruhiger Flucht!

Wie eins in den Winden
Sich wölbt und bewegt,
Wird auch das Empfinden
Des andern erregt.

Begehrt eins zu hasten,
Das andre geht schnell,
Verlangt eins zu rasten,
Ruht auch sein Gesell.

Conrad Ferdinand Meyer hat seine Gedichtsammlung ähnlich wie Herodot sein Geschichtswerk und Goethe sein Versepos „Hermann und Dorothea" nach der Zahl der neun Musen in neun Abschnitte gegliedert: Vorsaal, Stunde, In den Bergen, Reise, Liebe, Götter, Frech und fromm, Genie, Männer. Das vorliegende Gedicht befindet sich im Abschnitt „Liebe", der nicht ohne Grund genau in der Mitte der Sammlung steht. Es gehört zu den schönsten und künstlerisch vollendetsten, die Conrad Ferdinand Meyer geschaffen hat. Es umfaßt drei Strophen zu je vier Versen und zeigt folgende metrische Struktur:

xx'xxx'x	a
xx'xxx'	b
xx'xxx'x	a
xx'xxx'	b

Wie belebend und wie anmutig wirkt bereits der künstlerisch abgewogene Wechsel zwischen Jamben und Anapästen, katalektischen und akatalektischen Versen, zwischen (sich dadurch kreuzenden) a- und b-Reimen! Einheit in der Zweiheit herrscht schon im Formalen vor. Vom Inhaltlichen her wird der Eindruck nur bestätigt: Es ist ein sommerliches Liebes- und Ehegedicht. Die Segel sind Symbol, Symbol für die liebende Einheit zweier Menschen. Emil Staiger schreibt: „Ein einziges Symbol wird also während des ganzen Gedichts bewahrt. Solches Verharren setzt aber offenbar jene

vollkommene Stille der Seele voraus, die uns fühlbar geworden ist — Unbewegtheit, nicht als Haltung wie in der epischen Poesie, sondern als Stimmung, als 'ennui'"[13]).
Drei Strophen, drei Bilder, drei Situationen und Stationen der Ehe — aber eine Ganzheit, eine Einheit, Gestaltung beglückenden Verstehens!

20. Stefan George:

„ES LACHT"

Es lacht in dem steigenden jahr dir
Der duft aus dem garten noch leis.
Flicht in dem flatternden haar dir
Eppich und ehrenpreis.

Die wehende saat ist wie gold noch.
Vielleicht nicht so hoch mehr und reich.
Rosen begrüßen dich hold noch.
Ward auch ihr glanz etwas bleich.

Verschweigen wir was uns verwehrt ist.
Geloben wir glücklich zu sein.
Wenn auch nicht mehr uns beschert ist
Als noch ein rundgang zu zwein.

Das vorstehende Gedicht Stefan Georges stammt aus dem Band „Das Jahr der Seele" von 1897, und zwar aus dem Abschnitt „Traurige Tänze". Der Titel des Bandes ist Hölderlins „Menons Klagen um Diotima" entlehnt, wo die Jahre der Seele die Zeiträume zwischen den Reinkarnationen der beiden Liebenden bezeichnen. Den biographischen Hintergrund zu Georges hier zusammengefaßten Gedichten bildet die unerfüllte Liebe zu Ida Coblenz (wenn er selbst das auch leugnete); insofern ist eine Beziehung dieser Verse vor-

[13]) Emil Staiger: Das Spätboot. Zu Conrad Ferdinand Meyers Lyrik. In: Die Kunst der Interpretation, S. 255. Zürich 1955.

handen sowohl zum Titel des Abschnittes und des Bandes als auch zu Hölderlin, aber — wie Johannes Klein es formuliert —, „das scheinbare Blühen in der Zeit des Welkens bedeutet die innere Unfruchtbarkeit"[14]). Diese Einsicht zieht sich durch die gesamte Interpretation:

Es handelt sich um 12 Verse mit ungleichmäßigem Rhythmus (alle Metren sind vertreten) in drei gleich langen Strophen im Kreuzreim, wobei die Reimworte der V. 1 und 3 jeder Strophe gleich lauten.

xx´xxx´xxx´x	a
xx´xxx´xxx´	b
x´xxx´xxx´x	a
x´xxx´xx´	b

Die Strophen 1 und 2 malen Bilder der spätsommerlichen Natur; allerdings „stimmen" diese Bilder nur, wenn der Herbst als Höhepunkt des Jahres angenommen wird (als Zeit der Ernte gleichsam), nur dann nämlich kann das Jahr im Spätsommer noch „steigen" (V. 1). Aber das „noch" (V. 2, 5, 7) im Sinne von „noch immer" läßt bereits ein Abschiedsgefühl aufkommen. Darüber täuscht auch das Bild von Efeu und Männertreu im Haar des lyrischen Du nicht hinweg (V. 4; George, der das Erlesene liebte, nennt zwei andere Bezeichnungen, obgleich die geläufigeren metrisch auch passen würden). Die V. 5—8 geben zwei Detail-Bilder des späten Sommers: V. 5—6 ein etwas unwirkliches, V. 7—8 lassen an Absterben und Todesnähe denken (größter Gegensatz zum „lacht" in V. 1).

Strophe 3 nimmt nicht nur ausdrücklich Bezug auf den Menschen, genauer auf die zwei Menschen des lyrischen Ich und Du, sondern gestaltet ein gewisses Unvermögen, eine innere Unfruchtbarkeit im Sinne Kleins, Resignation: Schweigen vor sich selbst und dem anderen, letzter Versuch, ein Glück zu erzwingen, Bescheidung; dann ein letztes Mal „noch" (V. 12) — hier im Sinne von „nur noch": Einsicht in das Unabänderliche.

---

[14]) Johannes Klein: **Geschichte der deutschen Lyrik von Luther bis zum Ausgang des zweiten Weltkrieges, S. 716. Wiesbaden 1957.**

21. Hermann Hesse:

„HÖHE DES SOMMERS"

Das Blau der Ferne klärt sich schon
Vergeistigt und gelichtet
Zu jenem süßen Zauberton,
Den nur September dichtet.

Der reife Sommer über Nacht
Will sich zum Feste färben,
Da alles in Vollendung lacht
Und willig ist zu sterben.

Entreiß dich, Seele, nun der Zeit
Und mache dich zum Flug bereit
In den ersehnten Morgen.

Hesses Gedicht aus dem Jahre 1933 besteht aus elf Versen im jambischen Rhythmus, die in drei Strophen mit dem Reimschema abab; cdcd; eef geteilt sind. Bereits aus dieser formalen Betrachtung folgt, daß nach V. 8 ein inhaltlicher Einschnitt zu vermuten ist.
In der Tat mischen die Strophen 1 und 2 Naturbeobachtungen mit subjektiven Impressionen: V. 1, 3, 5 und 7 enhalten die tragenden Begriffe des gestalteten Naturvorgangs: „Blau der Ferne", „Zauberton", „reifer Sommer", „Vollendung"; V. 2, 4, 6 und 8 die emotionalen Schlußfolgerungen daraus: „Vergeistigt und gelichtet", „dichtet", „Fest", „willig sterben". Fazit: Der Spätsommer (September) ist das Verwobensein eines eigentümlichen Zaubertones mit Todesbereitschaft.

Die drei letzten Verse beziehen nicht nur den Menschen ein („Seele": V. 9), sondern übertragen das in der Natur Geschaute und Gespürte auf jeden einzelnen, wobei jedoch ein bisher nur latent vorhandener Gedanke — der ewigen zyklischen Wiederkehr des Gleichen — deutlich zum Ausdruck kommt. Es klingt fast paradox: Indem sich die Seele der Zeit entreißt (V. 9), entflieht sie der — todeswilligen — Gegenwart und entweicht in die Zukunft, „in den ersehnten Morgen" (V. 11).

22. *Gottfried Benn:*

„EINSAMER NIE"

Einsamer nie als im August:
Erfüllungsstunde — im Gelände
Die roten und die goldnen Brände,
Doch wo ist deiner Gärten Lust?

Die Seen hell, die Himmel weich,
Die Äcker rein und glänzen leise,
Doch wo sind Sieg und Siegsbeweise
Aus dem von dir vertretnen Reich?

Wo alles sich durch Glück beweist
Und tauscht den Blick und tauscht die Ringe
Im Weingeruch, im Rausch der Dinge —:
Dienst du dem Gegenglück, dem Geist.

Auch dieses Gedicht Benns ist im oben erläuterten Sinne (vgl. in diesem Büchlein Nr. 14) ein statisches Gedicht; formal fällt wiederum die Dreistrophigkeit auf, weiterhin der umarmende Reim und in den ersten beiden Strophen das fast völlige Fehlen der Verben.

Auch dieses Gedicht beinhaltet eine Distanz, ein Geschiedensein: Das lyrische Ich hält ein imaginäres Selbstgespräch und sondert sich durch Fragen und Feststellungen von der Welt, dem „alles" (V. 9), dem „man" ab.

Sogleich der erste Vers umschreibt die Situation des Statikers: „Einsamer nie als im August" (V. 1). Diese Aussage ist nur dem unverständlich, der noch an eine Synthese von Geist und Leben, von Ich und Welt glaubt, für den in herkömmlicher Weise der August eben „Erfüllungsstunde" (V. 2) ist: des Sommers, des Lebens. Die Natur glüht, ist auf ihrem Höhepunkt des Blühens und Erzeugens angelangt (V. 2—3). Da fragt sich der Statiker: „Doch wo ist deiner Gärten Lust?" (V. 4), dein Höhepunkt, dein Ziel?

„Seen", „Himmel" (V. 5) und „Äcker" (V. 6) spiegeln diese „Erfüllungsstunde" der Natur. Da ist die zweifelnde zweite Frage des statischen Ichs nicht nur zwingend, sondern in ihren Zweifeln auch verständlich.

In der dritten Strophe, in der der Bereich des Menschen einbezogen wird, treten die Verben hervor als Charakteristikum des Dynamischen („beweisen": V. 9; „tauschen": V. 10): Hier herrscht das vor, was man geläufig „Glück" (V. 9) zu nennen pflegt: „Blick", „Ringe" (V. 10), „Weingeruch", „Rausch der Dinge" (V. 11). Der Statiker allerdings setzt sich davon ab, für ihn gibt es nur das „statische" Verb „dienen" (V. 12), und zwar gegenüber „dem Gegenglück, dem Geist" (V. 12).

Allein das ästhetische Gebilde ist für den Statiker Wirklichkeit. Da es aber nur durch Sprache Wirklichkeit werden kann, wird alles Wahrnehmbare umgesetzt in das dichterische Wort. Im dichterischen Werk ereignet sich die Synthese von Rausch und Form, darin liegen seine Wirklichkeit und seine Bedeutung.

23. Georg Britting:

„SOMMERGEFÜHL"

Kurzer Sommer, glühender, bleib! Dein Anhauch
Zwar verdrießt das ängstliche Gras. Das Korn doch
Liebt dich, der sich rötende Wein. Die Grille
Singt dir ein Loblied.

Und die Lerche, wenn sie ins Blaue klettert,
Tut es trillernd, dir zu gefallen, und des
Wilden Klatschmohns purpurne Blüte ist ein
Feuriger Juhschrei!

In den kühlen, glänzenden Nächten richtet
Sich das grüne Gras wieder auf. Die Schnecke
Wandert durch das taunasse Land und sieht nicht
Oben die Sterne:

Ihren Fühlern sind sie entrückt! Sie fürchtet
Jetzt schon wie die Kröte im schwarzen Hohlweg,
Wie der Salamander im Sumpf den süßen,
Rosigen Morgen.

Es dürfte nicht eben häufig sein, daß sich ein Dichter der Moderne in einem Sommergedicht der sapphischen Ode bedient; wir skandieren die erste Strophe:

x´xx´xx´xxx´xx´x
x´xx´xx´xxx´xx´x
x´xx´xx´xxx´xx´x
x´xxx´x

Metrische Gleichheit der ersten drei Verse, stark verkürzter vierter Vers und Reimlosigkeit zeichnen diese antike Strophe aus. Zum Odenstil passend sind die Anrede mit dem nachgestellten Adjektiv (V. 1: „Kurzer Sommer, glühender"), die weit gespannte Gliederung der Sätze (V. 2: „Zwar ... doch"), die Doppelung von Satzteilen (V. 2—3, 9, 14—15, 15—16) sowie der vorangestellte Genitiv (V. 7). Nicht zum Odenstil passen die kraftvolle Wiedergabe der Welt (am charakteristischen „Juhschrei", V. 8; vgl. aber auch: „verdrießt das ängstliche Gras", V. 2, oder „Klatschmohn", V. 7) und die raffinierte Verwendung der Lautwirkungen (z. B. die Abfolge der a- und i-Laute in V. 11).

So entstand eine reizvolle Mischung von „gehobener" Form und „gehobenem" Stil auf der einen und volkstümlich-modernen Sprachmitteln auf der anderen Seite.

24. Peter Huchel:

„SOMMER"

O Nüstern des Staubs!
Feuerschlund August,
Teiche schlürfend!

Die schartige Sense
Des Winds
Glüht im Rohr.

Im knisternden Schatten
Brütender Garben
Hockt der Sommer,
Den nackten Fuß
Von Stoppeln rissig.

Dich will ich rühmen,
Erde,
Noch unter dem Stein,
Dem Schweigen der Welt
Ohne Schlaf und Dauer.

Peter Huchels Sommergedicht besteht aus 16 reimlosen, freirhythmischen Versen. Dieser „chaotischen" Form entspricht in den ersten drei Strophen eine wohl einmalige Metaphorik: wenige Einzelheiten, die jedoch für „den" Sommer charakteristisch sind, werden in Bilder eindrucksvoller Prägnanz umgesetzt (V. 1—3, 4—6, 7—11). Die vierte Strophe ist Rühmung im Sinne Rilkes („O sage, Dichter, was du tust? — Ich rühme"), ist Jasagen zur Erde, zum Sommer, zum Leben.

III. Herbst

25. Johann Wolfgang Goethe:

„HERBSTGEFÜHL"

Fetter grüne, du Laub,
Das Rebengeländer,
Hier mein Fenster herauf.
Gedrängter quillet,
Zwillingsbeeren, und reifet
schneller und glänzend voller.
Euch brütet der Mutter Sonne
Scheideblick, euch umsäuselt
Des holden Himmels
Fruchtende Fülle.
Euch kühlet des Monds
Freundlicher Zauberhauch,
Und euch betauen, ach,
Aus diesen Augen
Der ewig belebenden Liebe
Voll schwellende Tränen.

26. Friedrich Hölderlin:

„HÄLFTE DES LEBENS"

Mit gelben Birnen hänget
Und voll mit wilden Rosen
Das Land in den See,
Ihr holden Schwäne,
Und trunken von Küssen
Tunkt ihr das Haupt
Ins heilignüchterne Wasser.

Weh mir, wo nehm ich, wenn
Es Winter ist, die Blumen, und wo
Den Sonnenschein
Und Schatten der Erde?
Die Mauern stehn
Sprachlos und kalt, im Winde
Klirren die Fahnen.

Das im September 1775 entstandene Gedicht Goethes dürfte eines der letzten „diesseits von Weimar" sein. Der ursprüngliche Titel lautete: „Im Herbst 1775".

Das Gedicht beginnt mit einer Anrede an die zum Fenster heraufziehenden Blätter. So wie das Weinlaub noch fetter und saftiger grünen möge, so wünscht der Dichter auch den Trauben, daß sie noch dichter hervorquellen, schneller reifen und volleren Glanz erhalten möchten.

Seine Gedanken richten sich auf die Sonne und den Mondschein, die das Gedeihen fördern. Die letzten Verse, die auch den menschlichen Tränen wachstumsfördernde Kraft zuschreiben, zeigen deutlich, daß hier noch mehr gegeben wird als nur ein Herbst*bild:* Es handelt sich vielmehr um die Zweiheit von Natur und Ich, die nur äußerlich getrennt erscheinen, in Wahrheit aber einander zugeordnet sind. Die reifenden Trauben erwecken das Herbst*gefühl,* das letztliche Einssein mit der Natur:

„Natur in sich,
Sich in Natur zu fühlen."

Den größtmöglichen Gegensatz zu dieser menschlichen Grundhaltung zeigt Hölderlins Gedicht von 1803. In den beiden Strophen stehen sich herbstliche Fülle und Reife sowie winterliche Erstarrung und Kälte gegenüber. Den charakterisierenden, ausmalenden Adjektiven der ersten Strophe entsprechen gegensätzlich die Substantive in Strophe zwei. Auch die Unterschiedlichkeit des Rhythmus ist bezeichnend und zeigt die Ferne zu Goethes Gedicht. Nur einmal — und bezeichnenderweise in der Frage der zweiten Strophe — taucht das „ich" auf (V. 8) in seiner Verlorenheit, Einsamkeit und Heimatlosigkeit.

27. *Friedrich Hebbel:*

„HERBSTBILD"

Dies ist ein Herbsttag, wie ich keinen sah!
Die Luft ist still als atmete man kaum,
Und dennoch fallen raschelnd, fern und nah,
Die schönsten Früchte ab von jedem Baum.

O stört sie nicht, die Feier der Natur!
Dies ist die Lese, die sie selber hält,
Denn heute löst sich von den Zweigen nur,
Was vor dem milden Strahl der Sonne fällt.

Friedrich Hebbels Herbsgedicht aus dem Jahre 1852 beginnt mit einem Ausruf, mit einer Feststellung, in der die ganze Schönheit dieses einen besonderen Herbsttages beschlossen liegt. So hebt der erste Vers an mit einer stark betonten Hebung („Dies"), bringt mit dem vorletzten Wort nochmals eine Betonung („keinen") und klingt mit einem hell-dunklen „sah" aus, das eine Pause nach sich zieht. Gibt auch Vers 2 zunächst einen (realen) Vergleich, der auf den ersten Blick lediglich zur näheren Kennzeichnung zu dienen scheint („... still, als ..."; man achte auf den Vokalwechsel i — a), so spürt man sogleich, daß von ihm die beiden weiteren Verse der ersten Strophe abhängen: Trotz der Stille fallen die Früchte, und zwar „die schönsten Früchte ab von jedem Baum" (V. 4). Hinzuweisen ist hier auf das doppelte a in „fallen raschelnd" und auf den Wechsel e—a in „fern und nah" (V. 3).

Die beiden kennzeichnenden Züge dieses Herbsttages — die Stille und der raschelnde Fall — werden in der zweiten Strophe gedanklich vertieft: Die V. 5 und 6 zeigen, daß es sich gleichsam um eine Erntefeier der Natur handelt.

Auch die zweite Strophe beginnt mit einem Ausruf (V. 5). Sprachlich besonders gelungen ist hier das Aufeinander-Abgestimmtsein der Vokale: Dem langen ö („stört" in der ersten Hälfte des Verses) entspricht in der zweiten Hälfte das ei in „Feier"; V. 6 bringt eine weitere Erläuterung: „Dies ist die Lese, die sie selber hält". Hier

liegt die Schwere auf der ersten Hälfte des Verses, auf dem (ohnehin langen) ie und dem langen e in „Lese".
Die V. 7 und 8 geben dann den Trost, daß nicht durch Gewalt getrennt wird, sondern daß der milde Sonnenstrahl löst, was Reife erlangt hat.
Mit der bisherigen Betrachtung ist der Weg zum eigentlichen „Verstehen" dieses Gedichtes gegeben. Die beiden letzten Verse deuten an, daß es sich doch nicht um einen besonderen Herbsttag handelt, wie zuerst angenommen, sondern daß Hebbel vielmehr den Herbst als solchen geschaut und in ein Bild (siehe die Überschrift!) gebannt hat. Es ist auffällig, daß der Dichter nur zwei Adjektive verwendet, die Träger der Stimmung sind: „schönste" (V. 4) und „milde" (V. 8). Wir verstehen dabei mit Johannes Pfeiffer unter Stimmung „ein So-oder-so-Gestimmtsein des ganzen Menschen"[15]) und erkennen das Wissen um Trost und Segen als die Stimmung, aus der heraus Hebbel dieses Gedicht schuf. Da liegt der Gedanke nicht fern, daß den bisher erkannten Bildern (Stille und raschelnder Fall; Herbst als Erntefeier der Natur) ein ungesagtes drittes hinzugefügt werden kann: Herbst als Lebensherbst und Lebensernte[16]).

28. Theodor Storm:

„OKTOBERLIED"

Der Nebel steigt, es fällt das Laub;
Schenk ein den Wein, den holden!
Wir wollen uns den grauen Tag
Vergolden, ja vergolden!

Und geht es draußen noch so toll,
Unchristlich oder christlich,
Ist doch die Welt, die schöne Welt,
So gänzlich unverwüstlich!

---

[15]) Johannes Pfeiffer: Umgang mit Dichtung. 5. Aufl., S. 39. Leipzig 1947.
[16]) Wilhelm Peper: Die lyrische Dichtkunst, 2. Teil, S. 70. Leipzig und Berlin 1923 spinnt diesen Gedanken noch weiter aus.

Und wimmert auch einmal das Herz, —
Stoß an und laß es klingen!
Wir wissen's doch, ein rechtes Herz
Ist gar nicht umzubringen.

Der Nebel steigt, es fällt das Laub;
Schenk ein den Wein, den holden!
Wir wollen uns den grauen Tag
Vergolden, ja vergolden!

Wohl ist es Herbst; doch warte nur,
Doch warte nur ein Weilchen!
Der Frühling kommt, der Himmel lacht,
Es steht die Welt in Veilchen.

Die blauen Tage brechen an,
Und ehe sie verfließen,
Wir wollen sie, mein wackrer Freund,
Genießen, ja Genießen!

Storms „Oktoberlied" ist in der Handschrift mit dem Datum „28./29. Okt. 1848" versehen; seit der 1. Auflage seiner „Gedichte" (1852) eröffnet es das erste Buch. Es umfaßt sechs Strophen zu je vier Versen im jambischen Rhythmus mit dem Reimschema abcb. Die vierte Strophe ist im Wortlaut mit der ersten identisch.

Die Strophen eins bis fünf sind doppelpolig gebaut: Je ein oder zwei Verse gestalten das Düster-Bedrückende des Herbstes (V. 1, 5—6, 13, 17—18), die übrigen stehen im Zeichen des „Dennoch". Die gesamte letzte Strophe steht unter dem Motto der V. 23—24.

Der Dichter hat diese Verse besonders geliebt, und Gertrud Storm berichtet nicht nur über ihre Entstehung, sondern schreibt auch, daß er sie für seine besten gehalten habe[17]). Das läßt vermuten, daß hier Storms Charakter und Lebenseinstellung deutlich sichtbar werden. Andere Herbstgedichte dieses Dichters atmen Schwermut, Ab-

[17]) Gertrud Storm: Theodor Storm, ein Bild seines Lebens, 1. Bd., S. 191. 2. Aufl., Berlin 1912.

schied und wehmütige Erinnerung, hier jedoch schimmert unverwüstliche Lebenskraft durch jeden Vers.
Franz Stuckert schreibt in diesem Zusammenhang: „Ein mitreißender Schwung durchströmt es von Anfang bis zu Ende, und wie das Gold des Weins den grauen Tag überstrahlt, wie die Schönheit der Welt als lebendige Gewißheit kommender Wiederkehr des Frühlings über die Zeichen des Sterbens in der Natur hinwegträgt, so siegt die gläubige Hoffnung über alles Wissen um die Bedrohung des Daseins"[18]).

So ist dieses Gedicht in der Tat Ausdruck des Lebenswillens, der Lebenskraft und der „immanenten Gewißheit".

29. Stefan George:

„WIR SCHREITEN AUF UND AB"

Wir schreiten auf und ab im reichen flitter
Des buchenganges beinah bis zum tore
Und sehen außen in dem feld vom gitter
Den mandelbaum zum zweiten mal im flore.

Wir suchen nach den schattenfreien bänken
Dort wo uns niemals fremde stimmen scheuchen.
In träumen unsre arme sich verschränken.
Wir laben uns am langen milden leuchten.

Wir fühlen dankbar wie zu leisem brausen
Von wipfeln strahlenspuren auf uns tropfen
Und blicken nur und horchen wenn in pausen
Die reifen früchte an den boden klopfen.

Dieses Herbstgedicht Stefan Georges, veröffentlicht 1897 im „Jahr der Seele" (im Zyklus „Nach der Lese") zeigt drei vierversige Strophen im Kreuzreim; alle Verse bestehen aus breit ausladenden

---

[18]) Franz Stuckert: Theodor Storm. Sein Leben und seine Welt. S. 203. Bremen 1955.

fünfhebigen Jamben. Ein erstes Lesen zeigt bereits den Meister der Form: erlesene, edle Worte, ruhiger Rhythmus, gelegentlich altertümliche e-Endungen — wahrlich ein Schreiten!

Eine Welt wird gestaltet, eine Welt im Park. Wortlos schreiten zwei Menschen in dieser Welt, die nur „stumme" Farben aufweist. Gestalten und Umgebung gehen ineinander über, so entsteht ein Ganzes, indem die wortlosen Menschen zur Seele des Parks werden. Nur ein „Ding" steht draußen, außerhalb dieser Welt: Der Mandelbaum, „zum zweiten mal im flore" (V. 4). Er ist das einzige Unherbstliche, für George Sinnbild nicht reifender Frucht, Symbol des Vergänglichen im Bund zweier Seelen.

Das ganze Bild ist stilisiert und distanziert: „Flitter" (V. 1) für herbstliches Buchenlaub, „Flore" (V. 4) statt Blüte, „niemals" (V. 6) für noch nie — ganz besonders deutlich aber „klopfen" (V. 12) als die Stimme des Herbstes, der Mahnung, der Vollendung.

Georges künstlerisches Mittel ist die Umformung vom Eindruck zum Symbol. Am Mandelbaum (V. 4) haben wir es bereits zu zeigen versucht. Aber noch ist die eigentliche „Mitte" des Gedichtes (im Wortsinne) nicht genannt: die „Träume" (V. 7). Sie verklären das herbstliche Bild und lassen es verschwimmen, zerrinnen, versinken. Dieser Eindruck wird verstärkt durch das unausschöpfbare „klopfen" (V. 12, letztes Wort des Gedichtes!). Das ist nicht nur das Hebbelsche „Fallen", in „klopfen" schwingt auch etwas Bedrohliches mit!

30. Stefan George:

„KOMM IN DEN TOTGESAGTEN PARK"

Komm in den totgesagten park und schau:
Der schimmer ferner lächelnder gestade.
Der reinen wolken unverhofftes blau
Erhellt die weiher und die bunten pfade.

Dort nimm das tiefe gelb. das weiche grau
Von birken und von buchs. der wind ist lau.
Die späten rosen welkten noch nicht ganz.
Erlese küsse sie und flicht den kranz.

Vergiß auch diese letzten astern nicht.
Den purpur um die ranken wilder reben.
Und auch was übrig blieb vom grünen leben
Verwinde leicht im herbstlichen gesicht.

Georges zweites Herbstgedicht, ebenfalls aus dem „Jahr der Seele“, besteht aus drei Strophen zu je vier jambischen Versen und zeigt das Reimschema

abab aabb abba

Strophe eins: Sie beginnt mit einem Imperativ, mit einem Aufruf zum Schauen. Das noch abseits stehende Du wird durch das Schauen zum Beschauer und erlebt nur so und nur dort (im totgesagten, also nur scheinbar toten Park) das Verflochtensein von Ich, Himmel und Erde, — daher die Kreuzreime. Die gekreuzten Reimwörter geben die Quintessenz des dichterischen Bildes dieser Strophe: schau — blau, gestade — pfade.

Strophe zwei: Nun kommt das angesprochene Du gleichsam und folgt der Aufforderung; aber noch sind die Bereiche getrennt, noch ist die erhoffte Durchdringung nicht erreicht, — daher die Reimpaare, daher am Schlusse dieser Strophe das für das gesamte Gedicht so wichtige Symbol des Kranzes. (Man beachte im übrigen die Zäsuren innerhalb der V. 5 und 6!).

Strophe drei: Der Kreis ist geschlossen, der Kranz wird gewunden, das Verflochtensein ist erreicht, allerdings nicht ganz in der Weise, wie Strophe eins es erträumte: Der verschränkte, „umarmende“ Reim deutet es an. Die Anrede an das Du steht im ersten und im letzten Vers der Strophe, die Bereiche der Pflanze und des Lebens werden von ihm umschlossen.

Ist dieses Gedicht nun also ein farbenfrohes und farbensattes Bild herbstlicher Fülle? Wohl kaum; denn es schwingen fast elegische Töne mit, ein bißchen Wehmut ist in diesen Versen, ein wenig Melancholie. Wie beim vorigen Gedicht spürt man auch hier etwas Bedrohliches und Bedrohendes und zugleich auch ein letztes Aufflackern der Schöne. „Gibt nicht auch der Herbst das Äußerste her, um angesichts des herandrohenden Nichts die schönen Illusionen des letzten Aufglühens und Schimmerns zu spenden? So gesehen, ist das Gedicht ein tiefsinniges Bild von Georges dichterischer Existenz"[19]). Wir sind der Meinung, daß George mit diesen Versen ein „Ding" im Rilkeschen Sinne gestaltet und damit ein vollendetes „Kunst-Ding" geschaffen hat.

31. Rainer Maria Rilke:

„HERBSTTAG"

Herr: es ist Zeit. Der Sommer war sehr groß.
Leg deinen Schatten auf die Sonnenuhren,
Und auf den Fluren laß die Winde los.

Befiehl den letzten Früchten voll zu sein;
Gib ihnen noch zwei südlichere Tage,
Dränge sie zur Vollendung hin und jage
Die letzte Süße in den schweren Wein.

Wer jetzt kein Haus hat, baut sich keines mehr.
Wer jetzt allein ist, wird es lange bleiben,
Wird wachen, lesen, lange Briefe schreiben
Und wird in den Alleen hin und her
Unruhig wandern, wenn die Blätter treiben.

---

[19]) Wilhelm Loock in seiner Interpretation dieses Gedichtes in: Wege zum Gedicht I, hrsg. von Rupert Hirschenauer und Albrecht Weber, S. 272. München und Zürich 1962.

Rainer Maria Rilkes vorliegendes Herbstgedicht, entstanden am 21. 9. 1902, in Paris, zeigt einen kunstvollen Aufbau: drei um jeweils einen Vers vermehrte Strophen (drei Verse, vier Verse, fünf Verse). Dieser „steigernden" Form entspricht die Steigerung im Gehaltlichen.

Das Gedicht setzt ein mit einem bittenden, fordernden, aber zugleich auch dankbaren Anruf Gottes (V. 1—3). Die Sehnsucht nach Erfüllung spricht nicht nur aus V. 1 („es ist Zeit"), sondern auch aus den V. 4—7. Vollendung wird erstrebt und ersehnt, zunächst für das Land (drei Verse), dann für die Früchte (vier Verse), schließlich für den Menschen (fünf Verse). Aber der Herbst kann für den einzelnen auch Gefahren bringen (Strophe drei): Unbehaustheit, Alleinsein, Unruhe, Einsamkeit. Über Land und Frucht entscheidet Gott allein, beim Menschen ist es anders; er vermag mitzuentscheiden. Nur wenn der Mensch ohne Gott ist, ist er einsam und „ausgesetzt". Die Gläubigkeit des Gedichtanfanges wirkt bis zum Ende durch. Daß diesen letzten Gedanken der breiteste Raum gegeben ist, legt die Vermutung nahe, daß hier das eigenste Anliegen des Dichters zur Gestaltung kommt. „Unruhig wandern" (V. 12) ist hier nur erst menschliche Möglichkeit, zwölf Jahre später („An Hölderlin", V. 1—2) traurige Gewißheit:

„Verweilung, auch am Vertrautesten nicht,
ist uns gegeben . . . "

32. Rainer Maria Rilke:

„HERBST"

Die Blätter fallen, fallen wie von weit,
Als welkten in den Himmeln ferne Gärten;
Sie fallen mit verneinender Gebärde.

Und in den Nächten fällt die schwere Erde
Aus allen Sternen in die Einsamkeit.

Wir alle fallen. Diese Hand da fällt.
Und sieh dir andre an; es ist in allen

Und doch ist Einer, welcher dieses Fallen
Unendlich sanft in seinen Händen hält.

Dieses Herbstgedicht Rilkes entstand 10 Tage vor „Herbsttag", nämlich am 11. 9. 1902. Es besteht aus neun Versen, die in vier Strophen gegliedert sind. Das Reimschema verrät bereits die „Eingangspforte" zu diesem Gedicht: abc ca de ed. Es ist der wichtige zweite Vers, dessen „toter" Reim nur einmal vorkommt und der das so wichtige Symbol „Himmel" enthält. Gott erscheint unausgesprochen (vgl. V. 8!) als Sinnbild und Gegenpol zum Menschen, wie überhaupt die Einsamkeit gegenüber Gott in diesen Versen gestaltet ist.

Das Gedicht setzt mit einer geradezu nüchternen Aussage ein (1. Hälfte V. 1), macht aber sogleich anschließend spürbar, daß der Zentralbegriff „fallen" hier mehr meint als nur einen physikalischen Vorgang, daß „hintergründig" die Vergänglichkeit alles Irdischen mitgefaßt ist. Wer denkt bei dem so gedeuteten „fallen" nicht an Hölderlins „schwinden, fallen" aus „Hyperions Schicksalslied"!

Rilkes „fallen" ist Gleichnis der Natur, Bild der Natur (das Gedicht steht im „Buch der Bilder"!): Im Fallen der Blätter (V. 1), der Erde (V. 4), der Hand (Mensch; V. 6) offenbart sich die Vergänglichkeit; „es (das Fallen) ist in allem" (V. 7). V. 8 und 9 enthalten zwar Tröstliches: „doch" (V. 8), „unendlich sanft" (V. 9), können aber das Gefühl der Einsamkeit des Menschen gegenüber Gott nicht verwischen. Gott und Mensch sind durch Fernen getrennt, von „fernen Gärten" ist in V. 2 ausdrücklich die Rede. Dieser Vers wurde die „Eingangspforte" zu diesem Gedicht genannt. Dieser Charakter erschließt sich besonders deutlich, wenn man es mit Hebbels „Herbstbild" vergleicht (in diesem Büchlein Nr. 22): „als welkten in den Himmeln ferne Gärten", heißt es bei Rilke. Hebbel aber sagt: „als atmete man kaum". Ein größerer Unterschied in der menschlich-künstlerischen Grundhaltung ist kaum denkbar!

33. Georg Trakl:

„VERFALL"

Am Abend, wenn die Glocken Frieden läuten,
Folg ich der Vögel wundervollen Flügen,
Die lang geschart, gleich frommen Pilgerzügen,
Entschwinden in den herbstlich klaren Weiten.

Hinwandelnd durch den dämmervollen Garten
Träum ich nach ihren helleren Geschicken
Und fühl der Stunden Weiser kaum mehr rücken.
So folg ich über Wolken ihren Fahrten.

Da macht ein Hauch mich von Verfall erzittern.
Die Amsel klagt in den entlaubten Zweigen.
Es schwankt der rote Wein an rostigen Gittern,

Indes wie blasser Kinder Todesreigen
Um dunkle Brunnenränder, die verwittern,
Im Wind sich fröstelnd blaue Astern neigen.

Das vorstehende Sonett ist eines der ersten Gedichte Georg Trakls und enthält bereits in der Überschrift das zentrale Grundmotiv des Dichters. Die ersten beiden Strophen scheinen eine abendliche, herbstliche „heile" Welt zu gestalten, was man Wendungen wie „Abend", „Frieden" (V. 1), „wundervolle Flüge" (V. 2), „Pilgerzüge" (V. 3), „dämmervoll" (V. 5) entnehmen könnte. Aber der Schein trügt; bereits das „Träum ich" (V. 6) zeigt, daß es sich um einen Wahn handelt, der sich außerhalb der Zeit stellen möchte. Die Wirklichkeit wird in den beiden letzten Strophen geschaut: „Verfall" (V. 9), „klagen", „entlaubt" (V. 10), „schwanken", „rostig" (V. 11), „fröstelnd" (V. 14).

Die Idylle des ersten Gedicht-Teiles ist also nur Maske, hinter der das Schreckliche, das „Mitgeboren-werden des Todes" sichtbar wird. Herbst und Abend sind Abschied, sind Verfall. Die letzten Herbstblumen, die Astern, erfrieren und sind einem Todesreigen blasser Kinder um verwitternde Brunnenränder vergleichbar. Die Brunnen selbst sind Werke der Kultur, sind Abbild des barocken Salzburg, Symbol des alten Abendlandes: es verfällt. Die Form des Sonetts entspricht der Form der Kultur, die verwittert und vergeht.

34. Georg Trakl:

„VERKLÄRTER HERBST“

Gewaltig endet so das Jahr
Mit goldnem Wein und Frucht der Gärten.
Rund schweigen Wälder wunderbar
Und sind des Einsamen Gefährten.

Da sagt der Landmann: Es ist gut.
Ihr Abendglocken lang und leise
Gebt noch zum Ende frohen Mut.
Ein Vogelzug grüßt auf der Reise.

Es ist der Liebe milde Zeit.
Im Kahn den blauen Fluß hinunter
Wie schön sich Bild an Bildchen reiht —
Das geht in Ruh und Schweigen unter.

Herbst ist Reife, Erfüllung, Ernte, Genuß, aber auch drohende Einsamkeit und mögliche Gottferne. Aber derjenige, der das Gewesene mit Dankbarkeit und Liebe betrachtet, darf wie Gott nach der Schöpfung sagen (1. Mos., 1): „Es ist gut“.

Für Georg Trakl ist der Herbst am Ende des Jahres „gewaltig“ (V. 1), weil er Ernte ist (V. 2) und Schweigen (V. 3), weil er Lebensernte ist und Übergang zum Tod, zum ewigen Schweigen. Gold und Frucht des Herbstes (V. 2) sind dem Alternden, dem Einsamen „Gefährten“ (V. 4). Wie Bilder des Lebens, bunte Impressionen, erscheint dem „Einsamen“ (V. 4) nun der Herbst des Lebens: Der Landmann nach der Ernte taucht auf (V. 5), die „Abendglocken“ (V. 6) tönen noch einmal herüber, ein „Vogelzug“ (V. 8) wird geschaut. Dazwischen aber steht das „noch zum Ende“ in V. 7, der nahende Tod. Liebe überströmt alles (V. 9).

Aber der Kahn des Lebens, Charons Kahn, gleitet weiter den „blauen Fluß hinunter“ (V. 10). Blau ist bei Trakl die Farbe des Alls und der Vergänglichkeit. Noch einmal die Fülle der Impressionen (V. 11), dann geht alles unter „in Ruh und Schweigen“ (V. 12). Untergang, Ruh und Schweigen sind die letzten Vokabeln dieses Gedichtes, und in der Tat enden diese Verse dort, wo auch menschliches Sagen sein Ende hat.

35 Gottfried Benn:

„ASTERN“

Astern — schwälende Tage,
Alte Beschwörung, Bann,
Die Götter halten die Waage
Eine zögernde Stunde an.

Noch einmal die goldenen Herden
Der Himmel, das Licht, der Flor
Was brütet das alte Werden
Unter den sterbenden Flügeln hervor?

Noch einmal das Ersehnte,
Den Rausch, der Rosen Du —
Der Sommer stand und lehnte
Und sah den Schwalben zu,

Noch einmal ein Vermuten,
Wo längst Gewißheit wacht:
Die Schwalben streifen die Fluten
Und trinken Fahrt und Nacht.

Gottfried Benns Herbstgedicht „Astern“ erschien zusammen mit 13 anderen Gedichten Anfang 1936 in dem schmalen Büchlein „Gedichte“, das mit einem Motto versehen ist, das eines der Bennschen Todessymbole enthält: „Du weißt“. Das Gedicht ist im Jahre 1935 entstanden und gehört zu Benns „statischen“ Gedichten. In den Jahren der inneren Emigration entwickelte der Dichter die These, daß das Kunstwerk nur im abgeschlossenen Raume entstehe, die Kunst „statisch“ sei, eine Auffassung, die an Rilkes „Ding“-Gedichte erinnert und auf die weiter oben (unter den Nr. 14 und 20) bereits hingewiesen wurde.

Das Gedicht besteht aus vier Strophen zu je vier Versen in Kreuzreimen. Die erste Strophe steht für sich, die folgenden drei sind durch die jeweils gleichen Anfangsworte „Noch einmal“ miteinander verbunden. Sogleich im ersten Wort ist der Herbst: „Astern“. Die typische Herbstblume ist Symbol für den Herbst, der Gegenwärtiges und Vergangenes heraufbeschwört (V. 2). „Schwälend“ läßt an sonnige Herbsttage denken, „alte Beschwörung“ und „Bann“ (V. 2) erwecken Erinnerungen an die Vergangenheit. Nun folgt ein Bild, ein Vergleich: Nur für eine „zögernde Stunde“ (V. 4) scheint es so, als ob die Zeit ausgeschaltet sei, als ob es nur Gegenwart gäbe (V. 3).

Jetzt folgen drei Strophen, die das Unwiederbringliche dieser Gegenwart beschwören. „Noch einmal“ heißt soviel wie „Noch einmal, dann nicht mehr!“ Aufruf zum Erleben des Jetzt strömt aus den folgenden Versen, zum bewußten und damit vertieften Schauen der „goldenen Herden“ (V. 5), des Himmels, des Lichts, der Natur (V. 6). Es folgt die unbeantwortbare Frage nach der Zukunft. Es ist eine rhetorische Frage, auf die es keine Antwort gibt (V. 7—8). Nur um das völlige Sich-Hingeben an den Augenblick geht es, um den „Rausch“ der Gegenwart, um das Verbundensein mit den späten Rosen (V. 10). Die beiden folgenden Verse (V. 11—12) wird man nur schwer vergessen können! Wer denkt hier nicht an Rilkes:

„Der Sommer war sehr groß"! — Und nun in der letzten Strophe das im Grunde sinnlose „Vermuten" (V. 13); der Mensch weiß eben doch noch um das Kommende, um den Winter und um den Tod. Die Schwalben zeigen es deutlich, denn sie „trinken Fahrt und Nacht" (V. 16). Johannes Pfeiffer schreibt über dieses Gedicht: „Gedämpftes Leuchten, Hauch der Verwesung, unergründliche Schwermut: das alles spielt ineinander in diesem Gedicht voll kühner Kostbarkeit"[20]).

---

[20]) Johannes Pfeiffer: Wege zur Dichtung, S. 51. Hamburg 1953.

IV. Winter

36. Eduard Mörike:

„AN EINEM WINTERMORGEN"

O flaumenweiche Zeit der dunklen Frühe!
Welch neue Welt bewegest du in mir?
Was ist's, daß ich auf einmal nun in dir
Von sanfter Wollust meines Daseins glühe?

Einem Kristall gleicht meine Seele nun,
Den noch kein falscher Strahl des Lichts getroffen;
Zu fluten scheint mein Geist, er scheint zu ruhn,
Dem Eindruck naher Wunderkräfte offen,
Die aus dem klaren Gürtel blauer Luft
Zuletzt ein Zauberwort vor meine Sinne ruft.

Bei hellen Augen glaub ich doch zu schwanken;
Ich schließe sie, daß nicht der Traum entweiche.
Seh ich hinab in lichte Feenreiche?
Wer hat den bunten Schwarm von Bildern und Gedanken
Zur Pforte meines Herzens hergeladen,
Die glänzend sich in diesem Busen baden,
Goldfarb'gen Fischlein gleich im Gartenteiche?

Ich höre bald der Hirtenflöten Klänge,
Wie um die Krippe jener Wundernacht,
Bald weinbekränzter Jugend Lustgesänge;
Wer hat das friedenselige Gedränge
In meine traurigen Wände hergebracht?

Und welch Gefühl entzückter Stärke,
Indem mein Sinn sich frisch zur Ferne lenkt!
Vom ersten Mark des heut'gen Tags getränkt,
Fühl ich mir Mut zu jedem frommen Werke.
Die Seele fliegt, soweit der Himmel reicht,

Der Genius jauchzt in mir! Doch sage
Warum wird jetzt der Blick von Wehmut feucht?
Ist's ein verloren Glück, was mich erweicht?
Ist es ein werdendes, was ich im Herzen trage?
— Hinweg, mein Geist! hier gilt kein Stillestehn:
Es ist ein Augenblick, und alles wird verwehn!

Dort, sieh! am Horizont lüpft sich der Vorhang schon!
Es träumt der Tag, nun sei die Nacht entflohn;
Die Purpurlippe, die geschlossen lag,
Haucht, halbgeöffnet, süße Atemzüge:
Auf einmal blitzt das Auge, wie ein Gott, der Tag
Beginnt im Sprung die königlichen Flüge!

Das vorliegende Winter- oder Morgengedicht hat Mörike im Alter von 21 Jahren geschrieben und es seiner Gedichtsammlung als Eingangsgedicht vorangestellt.

Sogleich in der ersten Strophe des 39 weit ausholende Verse umfassenden Gedichtes wird das Urmotiv der Lyrik Mörikes angeschlagen: Die Geburt des Tages aus dem Schoß der Nacht.

An der Schwelle zwischen Tag und Nacht (vollständiger Titel des Gedichtes: „An einem Wintermorgen, vor Sonnenaufgang“) gibt sich der Dichter den Bildern hin, die aus dem Dunkel kommen und sich in seine Seele drängen (V. 5—17).

Von diesem „friedenseligen Gedränge“ (V. 21) ist er erfüllt, und sein Genius führt ihn zu jedem frommen Werke“ (V. 26): Das Gedicht entsteht und steigt auf wie der junge Tag.

Die mythisch-monumentalen Schlußverse (V. 34—39) feiern den Tag, der aus „der dunklen Frühe leuchtend entspringt“[21]).

Selbstverständlich kann dieses kaum ausschöpfbare Gedicht auch noch unter anderen Aspekten betrachtet werden, z. B. vom Aufbau her (die „dunkle Frühe“ (V. 1) als existentielle Situation), von der

---

[21]) Rudolf Ibel: Weltschau deutscher Dichter, S. 138. Frankfurt a. M. o. J.

Stellung zur Natur her („du in mir — ich ... in dir" (V. 2—3)) oder als Einbruch der Moderne (Bedeutung des Augenblicks, Verschmelzung von Realität und Traum).

37. Rainer Maria Rilke:

„WINTERLICHE STANZEN"

Nun sollen wir versagte Tage lange
Ertragen in des Widerstandes Rinde;
Uns immer wehrend, nimmer an der Wange
Das Tiefe fühlend aufgetaner Winde.
Die Nacht ist stark, doch von so fernem Gange,
Die schwache Lampe überredet linde.
Laß dichs getrösten: Frost und Harsch bereiten
Die Spannung künftiger Empfänglichkeiten.

Hast du denn ganz die Rosen ausempfunden
Vergangnen Sommers? Fühle, überlege:
Das Ausgeruhte reiner Morgenstunden,
Den leichten Gang in spinnverwebte Wege?
Stürz in dich nieder, rüttele, errege
Die liebe Lust: sie ist in dich verschwunden.
Und wenn du eins gewahrst, das dir entgangen,
Sei froh, es ganz von vorne anzufangen.

Vielleicht ein Glanz von Tauben, welche kreisten,
Ein Vogelanklang, halb wie ein Verdacht,
Ein Blumenblick (man übersieht die meisten),
Ein duftendes Vermuten vor der Nacht.
Natur ist göttlich voll; wer kann sie leisten,
Wenn ihn ein Gott nicht so natürlich macht.
Denn wer sie innen, wie sie drängt, empfände,
Verhielte sich, erfüllt, in seine Hände.

Verhielte sich wie Übermaß und Menge
Und hoffte nicht noch Neues zu empfangen,
Verhielte sich wie Übermaß und Menge
Und meinte nicht, es sei ihm was entgangen,
Verhielte sich wie Übermaß und Menge
Mit maßlos übertroffenem Verlangen
Und staunte nur noch, daß er dies ertrüge:
Die schwankende, gewaltige Genüge.

Das im Winter 1913/1914 entstandene Gedicht Rilkes ist — wie schon der Titel besagt — in der Strophenform der Stanze abgefaßt (Reimschema: abababcc).

Die erste Strophe (V. 1—8) malt ein winterliches Bild mit den vorherrschenden Worten „Nacht“ (V. 5), „Lampe“ (V. 6), „Frost und Harsch“ (V. 7).

In der zweiten Strophe jedoch wird jenes Ursymbol Rilkes genannt, das sich bis zu seinem Grabspruch durch sein Werk zieht: die Rose (V. 9). Sie steht hier im Zusammenhang mit dem dichterischen Auftrag, von dem die folgenden Verse sprechen. Die Rose gehört für Rilke jenen „beiden Bereichen“ an, von denen nicht nur die „Sonette an Orpheus“ und die „Duineser Elegien“ handeln. Die Rose ist aber auch Natur, die nur derjenige „leisten“ kann, den „ein Gott“ „natürlich“ macht (V. 21—22).

38. Georg Trakl:

„EIN WINTERABEND“

Wenn der Schnee ans Fenster fällt,
Lang die Abendglocke läutet,
Vielen ist der Tisch bereitet
Und das Haus ist wohlbestellt.

Mancher auf der Wanderschaft
Kommt ans Tor auf dunklen Pfaden.
Golden blüht der Baum der Gnaden
Aus der Erde kühlem Saft.
Wanderer tritt still herein;
Schmerz versteinerte die Schwelle.
Da erglänzt in reiner Helle
Auf dem Tische Brot und Wein.

Durchaus geläufige und bekannte Bilder und Motive ziehen sich durch diese 12 Verse, in drei vierversige Strophen mit trochäischem Rhythmus geteilt; das Reimschema ist der umarmende Reim (abba). Wie viele der frühen Gedichte Trakls ist auch dieses liedhaft und schlicht.

Eines aber ist auffällig: Zwei Vorstellungskomplexe durchdringen einander, einmal der von einem Wanderer, der an einem Winterabend in ein Haus kommt, und der vom christlichen Abendmahl (Vgl. V. 1—6, 9, 11—12). Dazwischen finden sich drei Verse (V. 7—8, 10), die nicht in diese beiden Komplexe passen wollen. Sie, die über das Geläufige hinausgehen, enthalten jene Begriffe und Spannungsverhältnisse, die für Trakl charakteristisch werden sollten: Die „Erde“ (V. 8) — das ist das Irdische, das Diesseitige, der Raum des Verfalls und der Verwesung (zwei Traklsche Grundmotive!) —, wo sich der „versteinernde Schmerz“ (V. 10) ereignet, und jener Bereich, in dem der „goldene Baum der Gnaden blüht“ (V. 7).

So wird über das reine Thema des Gedichtes hinaus („Ein Winterabend“) hier bereits umrißhaft sichtbar, daß für Trakl die Welt ursprünglich christlich geprägt war, dann aber dem Verfall preisgegeben wurde.

39. Albrecht Goes:

„NACH SCHWEREM WINTER“

Ob dir gleich in winterwährend
Dunkler Welt den Sinn versehrt
Schwermut, die der süßen Hoffnung
Flügelschlag und Flug verwehrt,

Ob der Hall vom Schrei der Krähen
Dir im Ohr noch, lang und bang,
Und aus Nächten, vieldurchwachten,
Klagender des Winters Klang —

Ach das Herz, es mild zu trösten,
Ist das Kleine groß genug:
Eine gelbe Krokusblüte,
Einer Wolke Frühlingszug.

Albrecht Goes' dreistrophiges Gedicht in trochäischem Rhythmus (Reimschema abcb) ist innerlich und äußerlich deutlich in zwei Teile geteilt, sichtbar schon durch den Gedankenstrich am Ende der zweiten Strophe. Inhaltlich sind die Verse leicht verständlich: Der Schwermut des Winters steht die Tröstung durch den ersten Frühlingsboten gegenüber.

Der besondere Reiz des Gedichtes liegt in der Lautmalerei und den suggestiven Klangwirkungen: In der ersten Strophe das viermalige w in „*w*inter*w*ährend“ (V. 1), „*W*elt“ (V. 2) und „ver*w*ehrt“ (V. 4), das dreimalige s in „*S*inn versehrt“ (V. 2) und „*s*üßen“ (V. 3) sowie der Zusammenklang von „*Fl*ügelschlag“ und „*Fl*ug“ (V. 4); in der zweiten Strophe die Entsprechung in „*K*lagender“ und „*K*lang“ (V. 8) und die Anhäufung der a-Laute in jedem Vers.

Das Gedicht mündet in die schwebende Gelöstheit der dritten Strophe, die den Durchbruch der Helle gestaltet: Eine Frühlingsblume und eine Wolke sind nicht nur Tröstung des Herzens (V. 9), sondern auch Ankündigung des Frühlings!

REGISTER DER FUNDORTE

1. Theodor Echtermeyer: Deutsche Gedichte. Von den Anfängen bis zur Gegenwart. Neugestaltet von Benno v. Wiese. Neubearbeitete Auflage 1971, S. 41—42. (Künftig zitiert als: Echtermeyer-Wiese).
2. Echtermeyer-Wiese, S. 87.
3. Ebd., S. 134—135.
4. Ebd., S. 152—153.
5. Ebd., S. 157.
6. Ebd., S. 176—177.
7. Ebd., S. 384—385.
8. Ebd., S. 395.
9. Ringe des Daseins. Deutsche Gedichte, S. 57, München 1955.
10. Ebd., S. 430.
11. Ebd., S. 432.
12. Ebd., S. 564—565.
13. Deutsche Dichter. Ausgewählt von Erich Kirsch u. Werner Roß, 3. Aufl., S. 321—322. o. J.
14. Echtermeyer-Wiese, S. 589.
15. Gottfried Benn: Gesammelte Werke in 8 Bänden; hrsg. von Dieter Wellershoff. Bd. 1, S. 139. o. J.
16. Motivgleiche Gedichte, hrsg. von Erich Hock, S. 41. Bamberg o. J.
17. Echtermeyer-Wiese, S. 103—104.
18. Ebd., S. 463—464.
19. Conrad Ferdinand Meyer: Gedichte, S. 97. München o. J.
20. Echtermeyer-Wiese, S. 554—555.
21. Ebd., S. 578.
22. Ebd., S. 608.
23. Ebd., S. 616—617.
24. Die Sternenreuse. Gedichte 1925—1947. München 1967.
25. Hamburger Ausgabe, Bd. 1, S. 103—104.
26. Deutsche Dichter, S, 174.
27. Echtermeyer-Wiese, S. 464
28. Ebd., S. 467.
29. Edb., S. 554.
30. Ebd., S. 555.
31. Ebd., S. 566—567.

32. Rainer Maria Rilke: Gesammelte Gedichte, S. 156. Frankfurt a. M. 1962.
33. Echtermeyer-Wiese, S. 592.
34. Ebd., S. 595.
35. Ebd., S. 608.
36. Ebd., S. 394—395.
37. Ebd., S. 573—574.
38. Ebd., S. 592.
39. Ebd., S. 619—620.

REGISTER DER GEDICHTANFÄNGE

BANGE-INTERPRETATIONEN ZEITGENÖSSISCHER KURZGESCHICHTEN

BAND 1: von Edgar Neis 4. Auflage
Aichinger, Puppe – Bender, Schafsblut – Bergengruen, Fahrt des Herrn von Ringen – Böll, Ungezählte Geliebte – Brecht, Unwürdige Greisin – Britting, Märchen vom dicken Liebhaber – Ernst, Förster und Wilddieb – Le Fort, Turm der Beständigkeit – Hochhuth, Berliner Antigone – Hofmannsthal, Lucidor – Kafka, Ehepaar – Kaschnitz, Das dicke Kind / Schneeschmelze – Kühner, Es gibt doch noch Wunder – Malecha, Probe – Risse, Gottesurteil – O. Schaefer, Frühe Vision – W. Schäfer, Mozarts Begräbnis – Schnabel, Hundert Stunden von Bangkok / Sie sehen den Marmor nicht.

BAND 2: von Robert Hippe 4. Auflage
Andres, Trockendock – Benn, Gehirne – Bergengruen, Arzt von Weißenhasel / Legende von den zwei Worten – Böll, Bahnhof von Zimpren / Besenbinder / Erinnerungen eines jungen Königs / So ein Rummel – Brecht, Augsburger Kreidekreis – Döblin, Ermordung einer Butterblume – Dürrenmatt, Tunnel – Eich, Stelzengänger – Franck, Das verstandene Gedicht – Gaiser, Ein Mensch, den ich erlegt habe – Hampel, Das mit dem Mais – Hildesheimer, Eine größere Anschaffung – Kafka, Kübelreiter / Sorge des Hausvaters – Kassack, Mechanischer Doppelgänger – Langgässer, Die getreue Antigone / Untergetaucht – Musil, Portugiesin – Risse, Verkehrsunfall – Schnurre, Ein Fall für Herrn Schmidt.

BAND 3: von Karl Brinkmann 3. Auflage
Aichinger, Plakat – Alverdes, Die dritte Kerze – Böll, Damals in Odessa / Mann mit den Messern / Lohengrins Tod / Wanderer kommst du nach Spa . . . – Borchert, Die lange, lange Straße lang / Generation ohne Abschied / Lesebuchgeschichten – Eisenreich, Ein Augenblick der Liebe – Gaiser, Brand im Weinberg / Du sollst nicht stehlen – Langgässer, Die zweite Dido / Glück haben – Lenz, Jäger des Spottes – Schnurre, Die Tat – Spang, Seine große Chance – Spervogel, Hechtkönig – Wiechert, Hauptmann v. Kapernaum / Hirtenknabe.

BAND 4: von Martin Pfeifer 3. Auflage
Aichinger, Hauslehrer / Nichts und das Boot – Bender, die Wölfe kommen zurück – Böll, Über die Brücke / Es wird etwas geschehen – Brecht, Mantel des Ketzers – Britting, Brudermord im Altwasser – Eich, Züge im Nebel – Ernst, Das zweite Gesicht – Fallada, Lieber Hoppepoppel – Franck, Taliter? – Hesse, Beichtvater / Bettler – Johnson, Jonas zum Beispiel – Kusenberg, Eine ernste Geschichte – Langgässer, Saisonbeginn – Le Fort, Frau des

Pilatus – Meckauer, Bergschmiede – Pohl, Yannis letzter Schwur – Rinser, David – Schäfer, Hirtenknabe – Schallück, Der Tod hat Verspätung – v. Scholz, Das Inwendige – Walser, Ein schöner Sieg – Weisenborn, Aussage.

BAND 5: von Edgar Neis 2. Auflage
Borges, Das geheime Wunder – Calderón, Invasion – Callaghan, Ein sauberes Hemd – Campos, Solidarität – Carson, Ein Mädchen aus Barcelona – Hemingway, Die Killer – Huxley, Schminke – Joyce, Eveline – Katajew, Die Messer – Mansfield, Für sechs Pence Erziehung – Manzoni, Die Repräsentiertasse – Olescha, Aldebaran – Saroyan, Vom Onkel des Barbiers, dem von einem Zirkustiger der Kopf abgebissen wurde – Sartre, Die Mauer – Timmermanns, Die Maske.

BAND 6: von Karl Brinkmann
Andersch, Sehnsucht nach Sansibar – Böll, Wie in schlechten Romanen / Undines gewaltiger Vater – Gaiser, Das Wespennest / Fünfunddreißig Meter Tüll / Der Motorradunfall – Grass, Der Ritterkreuzträger – Hildesheimer, Nächtliche Anrufe – Holthaus, Geschichten aus der Zachurei / Allgemeines / Wo liegt Zachzarach / Das Wirtshaus zum Vollautomatischen Bären – Lenz, Masurische Geschichte / Der Leseteufel / So schön war mein Markt / Der große Wildenberg – Kramp, Was der Mensch wert ist – Reding, Die Bulldozer kamen / Während des Films / Jerry lacht in Harlem / Fahrerflucht – Schnurre, Wovon der Mensch lebt – Walser, Die Artikel, die ich vertrete.

BAND 7: von Rudolf Kanzler
Aichinger, Die Silbermünze – Altendorf, Der Knecht Persenning – Andersch, Ein Auftrag für Lord Glouster – Bauer, Hole deinen Bruder an den Tisch – Britting, Der Gang durchs Gewitter – Dörfler, Der Kriegsblinde – Hesse, Das Nachtpfauenauge – Hildesheimer, Der Urlaub – Kaschnitz, Gespenster – Lenz, Die Nacht im Hotel – Th. Mann, Das Eisenbahnunglück – Noack, Die Wand – Ohrtmann, Der Sched ist wieder da – Rinser, Der fremde Knabe – Schallück, Unser Eduard – Wiechert, Mein erster Adler.

BAND 8: von Edgar Neis
Andersch, Grausiges Erlebnis – Bachmann, Alles – Bender, In der Gondel / Fondue – Bichsel, Tochter – Bobrowski, Epitaph für Pinnau – Bolliger, Verwundbare Kindheit – Brecht, Wiedersehen – Eisenreich, Der Weg hinaus – Fritz, Schweigen vieler Jahre – Fühmann, Judenauto / Schöpfung – Gaiser, Gazelle grün – Heissenbüttel, Wassermaler – Kaschnitz, Das rote Netz – Kunert, Fahrt mit der S-Bahn – Nossack, Das Mal – Reinig, Drei Schiffe – A. Schmidt, Resümee – Walser, Tänzer / Knabe – Wohmann, Ich Sperber / Der Schwan / Knurrhahn-Stil.

INTERPRETATIONEN MOTIVGLEICHER GEDICHTE IN THEMENGRUPPEN

BAND 1: **Der Mond in der deutschen Lyrik** von Edgar Neis

Arp – Bischoff – Borchert – Boretto – Britting – Brockes – Bürger – Claudius – Däubler – Droste-Hülshoff – Geibel – Gleim – Goethe – Härtling – Heine – Holz – Klopstock – Krähenbühl – Krolow – Lange – Lehmann – Leonhard – Lichtenstein – zur Linde – Maurer – Morgenstern – Rasche – Rühmkorf – v. Stolberg – Trakl – v. d. Vring – Werfel – Wiens.

BAND 2: **Politisch-soziale Zeitgedichte** von Edgar Neis

Arndt – Bachmann – Becher – Biermann – Brecht – Bürger – Celan – Chamisso – Dehmel – Domin – Enzensberger – Le Fort – Freiligrath – Gryphius – Hädecke – Hagelstange – Heine – Herwegh – Hutten – Kaschnitz – Keller – Kerr – Krolow – Kunert – Logau – Lersch – Marti – Platen – Sabais – Salis – Schenkendorf – Schiller – Schreiber – Schubart – Strittmatter – Tucholsky – W. v. d. Vogelweide – Weitbrecht – Wildenbruch.

BAND 3: **Der Krieg im deutschen Gedicht** von Edgar Neis

Bender – Benn – Biermann – Binding – Brambach – Brecht – Claudius – Dehmel – Eich – Flex – Le Fort – Fried – Gleim – Goethe – Hakel – Heise – Heym – Hölderlin – Höllerer – Huchel – Jahn – Jean Paul – Kaschnitz – Kästner – Körner – Leip – Lersch – Leonhard – Liliencron – Logau – Menzel – Mosen – Mühsam – Münchhausen – Neumann – Nick – W. Paul – Sachs – Schiller – Schnurre – Schumann – Stramm – Toller – Toussel – Trakl – Tumler – Vogel – Wiechert.

BAND 4: **Liebe im deutschen Gedicht** von Robert Hippe

Benn – Brecht – Eichendorff – George – Gleim – Goethe – Günther – Hesse – Hofmannsthal – Jacobi – Kästner – Krolow – Lasker-Schüler – Lenau – Liliencron – C. F. Meyer – H. v. Morungen – Mörike – Münchhausen – Opitz – Reinig – Rilke – Storm – Stramm – W. v. d. Vogelweide – Weckherlin.

BAND 5: **Der Tod im deutschen Gedicht** von Robert Hippe

Bächler – Benn – Brecht – Celan – Claudius – Droste-Hülshoff – Eich – Goethe – Gryphius – Hesse – Heym – Hofmannsthal – Hofmannswaldau – Höllerer – Kaltneker – Keller – Klopstock – C. F. Meyer – Mörike – Nick – Nietzsche – Novalis – Rilke – Schiller – Storm – Stramm – Trakl – Uhland.

BANGES AUFSATZBÜCHER

Der Unter- und Mittelstufen-Aufsatz von Robert Hippe
Anleitungen, Ausarbeitungen, Gliederungen, Themenvorschläge und Lösungsschlüssel. 4. Auflage

Der Oberstufen-Aufsatz von Robert Hippe
Anleitungen, Ausarbeitungen, Gliederungen, Hinweise und Themenvorschläge
6. Auflage mit Lösungsschlüssel

Das neue große Aufsatzbuch von Martin, Neis, Brinkmann

Der Besinnungsaufsatz von Franz Fischer
Aufsatzschule für die Oberstufe des Gymnasiums
2. Auflage

Gliederungsvorschläge und -Entwürfe zum deutschen Aufsatz der Oberstufe von Robert Hippe
1. Band: Die Facharbeit
2. Band: Der Besinnungsaufsatz

Wie gestaltet man Vorträge und Reden? von Edgar Neis
Hinweise und Beispiele

Wie interpretiere ich Gedichte und Kurzgeschichten?
von Edgar Neis 8. Auflage

Interpretationen motivgleicher Werke der Weltliteratur von Edgar Neis
Von Aischylos bis Anouilh – von Shakespeare bis Brecht

Interpretationen zu 60 ausgewählten motivgleichen Gedichten
von Robert Hippe 3. Auflage

Die Jungfrau von Orleans im Wandel der Literatur
von Werner Brettschneider

Wir interpretieren Balladen von Edgar Neis 2. Auflage

Interpretationen zu 50 modernen Gedichten
von Robert Hippe

Kurzgefaßte deutsche Grammatik und Zeichensetzung von Robert Hippe
Regeln – Beispiele – Übungen – Lösungsschlüssel 4. Aufl.

Kleine deutsche Poetik von Robert Hippe
Eine Einführung in die Grundbegriffe der Literaturwissenschaft

Kleine deutsche Stilschule von Robert Hippe

Gut Deutsch von Matth. Übelacker
Praktisches Lehrbuch durch Selbstunterricht richtig deutsch sprechen und schreiben zu lernen. 53. Auflage

BANGES GERÜSTE

Chemie-Gerüst von Th. Bokorny

Tabellarische Zusammenstellungen der anorganischen und organischen Chemie mit ihren vielen Formeln nach Vorkommen, Darstellung, Eigenschaften und Anwendung
12. erweiterte Auflage

Geschichts-Gerüst von Robert Hippe

Teil 1: Antike Geschichte
Teil 2: Deutsche Geschichte des Mittelalters
Teil 3: Vom Interregnum bis zum 1. Weltkrieg
Teil 4: Vom 1. Weltkrieg bis zur Gegenwart
} in einem Band

Latein-Gerüst von Oswald Woyte

Kurzgefaßte lateinische Grammatik in übersichtlicher Anordnung und leichtverständlicher Darstellung mit Übungsaufgaben und Schlüssel.

Teil 1:	Formenlehre	2. Auflage
Teil 2:	Übungsaufgaben zur Formenlehre	2. Auflage
Teil 3:	Satzlehre (Syntax)	2. Auflage
Teil 4:	Übungsaufgaben zur Satzlehre	2. Auflage

Literatur-Gerüst von Kurt Martin

Kurzgefaßte allgemeine Literaturkunde und Grundriß der deutschen Literaturgeschichte, Biographische Bemerkungen, kurze Inhaltsangabe zu den bedeutendsten Werken unter kritischer Würdigung der mannigfachen Probleme und deren Gestaltung als Wortkunstwerk, sowie zahlreiche Hinweise auf die jeweiligen Zeitströmungen
Band 1: Von der vorliterarischen und althochdeutschen Zeit bis zu Goethe
Band 2: Von Goethe bis in die neueste Zeit.
Von Robert Hippe

Mathematik-Gerüst von Johannes Lorenz

Sammlung von Formeln und Sätzen mit zahlreichen Musteraufgaben und vielen Figuren
Band 1: Unterbau behandelt das gesamte Zahlenrechnen, Algebra mit Gleichungen und Logarithmen, Geometrie, Stereometrie, Trigonometrie 6. Auflage
Band 2: Oberbau, Algebra: Komplexe Zahlen, Gleichung und Funktion, Kombinatorik und Wahrscheinlichkeit, Niedere und höhere Reihen, Differential- und Integralrechnung. Geometrie: Goniometrie, Kegelschnitte, Analytische Geometrie 5. Auflage

Philosophie-Gerüst von Robert Hippe

Band I: Geschichte der Philosophie
Band II: Die philosophischen Disziplinen

Physik-Gerüst von Johannes Lorenz

Die Grundlagen der Physik: Meßkunde, Allgemeine Eigenschaften der Körper, der Flüssigkeiten und Gase. Schallehre, Wärmelehre, Magnetismus, Elektrizität einschl. Strahlenlehre, Geometrische Optik, Wellenoptik, Atomtheorie u. a.
5. erweiterte Auflage

ZUR NACHHILFE IN ENGLISCH

Karl Brinkmann
Englische Diktatstoffe für die Unter- und Mittelstufe

Karl Brinkmann
Englische Diktatstoffe für die Oberstufe

Zur Festigung und Wiederholung von Rechtschreibung und Grammatik. Vorbereitung zur Nacherzählung. Zur Nachhilfe, Kontrolle und Selbstbeschäftigung.

Karl Brinkmann
Englische Nacherzählungen

2. Auflage

Edgar Neis
Englische Nacherzählungen der siebziger Jahre

Zur Vorbereitung auf die Reifeprüfung, zum Selbstunterricht und zur privaten Fortbildung

Edgar Neis
Wie schreibe ich gute englische Nacherzählungen?

Ein bewährtes Fachbuch, das bereits in 4. Auflage vorliegt.

Karl Brinkmann
Fehlerquellen im Englischen
Rechtschreibung und Wortbildung